高等职业教育“十四五”规划教材 物流管理专业

物流市场营销

主编 叶靖 毛锦华 梁露

中国水利水电出版社
www.waterpub.com.cn
·北京·

内 容 提 要

“物流市场营销”是物流管理专业的重要基础课，是集系统性、操作性、哲理性、艺术性于一体的新兴学科。

本书是作者在接受历时3年的物流管理专业胡格模式教师培训后，借鉴胡格模式的教学理念、教学手段、课堂组织和考核方法编写的工作手册式教材，包括认识物流市场营销、物流市场调研、物流产品策略、物流价格策略、物流传播策略、物流分销渠道策略、物流营销服务支持策略和物流企业营销方案编写与展示8个项目。

本书可作为高职院校物流管理、物联网技术与应用等相关专业的教材，也可供培训班学生和自学者选用。

图书在版编目（CIP）数据

物流市场营销 / 叶靖，毛锦华，梁露主编. -- 北京：中国水利水电出版社，2023.2

高等职业教育“十四五”规划教材. 物流管理专业

ISBN 978-7-5226-1351-2

Ⅰ. ①物… Ⅱ. ①叶… ②毛… ③梁… Ⅲ. ①物资市场－市场营销－高等职业教育－教材 Ⅳ. ①F252.2

中国国家版本馆CIP数据核字(2023)第022255号

策划编辑：周益丹　责任编辑：赵佳琦　加工编辑：刘瑜　封面设计：梁燕

书　　名	高等职业教育“十四五”规划教材（物流管理专业） 物流市场营销 WULIU SHICHANG YINGXIAO
作　　者	主编　叶靖　毛锦华　梁露
出版发行	中国水利水电出版社 （北京市海淀区玉渊潭南路1号D座 100038） 网址：www.waterpub.com.cn E-mail：mchannel@263.net（答疑） sales@mwr.gov.cn 电话：（010）68545888（营销中心）、82562819（组稿）
经　　售	北京科水图书销售有限公司 电话：（010）68545874、63202643 全国各地新华书店和相关出版物销售网点
排　　版	北京万水电子信息有限公司
印　　刷	三河市德贤弘印务有限公司
规　　格	184mm×260mm　16开本　16.75印张　377千字
版　　次	2023年2月第1版　2023年2月第1次印刷
印　　数	0001—1000册
定　　价	65.00元

前　言

为进一步提升北京职业教育国际合作水平，促进职业院校教育理念创新和教学方法改革，适应经济社会发展和产业转型升级对人才培养的需要，北京市教委与德国巴登 - 符腾堡州（以下简称“巴符州”）教育部选择部分职业院校在物流管理专业开展胡格教育模式改革实验（以下简称“胡格项目”）。

本教材是“胡格项目”的成果。2017 年 3 月 18 日，北京市教委与德国巴符州教育部职业教育合作的“胡格项目”启动，北京市 7 所职业院校（北京交通运输职业学院、北京信息职业技术学院、北京财贸职业学院、北京电子科技职业学院、北京农业职业学院、北京市商业学校和北京市顺义区人力资源和社会保障局高级技工学校）的物流管理专业开展改革试验，40 余位物流管理专业教师参加了为期 3 年的“胡格项目”培训。

本教材是学习领域 9 课程建设与实施的成果。在德国职业教育家托马斯 • 胡格教授及其团队的培训引导下，中德职业教育教师开展了深度交流，创立了物流“胡格模式”教学体系；建设了 10 个学习领域课程：领域 1“公路运输实务”、领域 2“仓储运作管理”、领域 3“物流纠纷处理”、领域 4“配送作业管理”、领域 5“陆路货代实务”、领域 6“海运货代实务”、领域 7“空运货代实务”、领域 8“仓储规划与运作”、领域 9“物流市场营销”和领域 10“采购与供应链管理实务”；开发了 10 个物流工作领域的活页式教学材料。北京财贸职业学院率先在“2017 级物流胡格实验班”实施了完整的教学过程，在第 3 学年结束时，对学生进行全面综合考评，完成了学生培养、考核评价及学生代表赴德学习的全过程；教师团队不辞辛苦、勤奋工作、精诚团结、合作共享，完成了 3 年的项目学习、课程开发、教材开发工作。

本教材是 7 校共建共享的成果。本教材是立足于学习领域 9“物流市场营销”，历经 7 所院校共同参与课程建设、共同撰写学习材料、在北京财贸职业学院实施 3 年的课堂教学实验后，总结提炼并修改原始案例、数据、编写体例等资源而形成的。初稿作者包括北京信息职业技术学院刘篪，北京电子科技职业学院赵静，北京市商业学校于寅虎，北京市顺义区人力资源和社会保障局高级技工学校赵晓娟、史金花、历东，北京交通运输职业学院刘楠、赵怀志，北京财贸职业学院梁露、毛锦华、叶靖。叶靖完成了项目 1 至项目 4 的修改完善工作，毛锦华完成了项目 5 至项目 8 的修改完善工作，梁露完成了样章的编写工作。

本教材按照完成某项具体工作任务的业务流程编写，鼓励学生在明确工作目标后，自学理论，进行业务操作，完成工作任务，并将结果记录在工作页上。同学之间、小组之间相互学习，教师组织课堂教学并检查和评价学习成果（每个项目后配有项目评价表）。每个任务包括项目情境、工作任务、工作内容、学习材料和工作页五部分。

感谢北京市教委和北京财贸职业学院提供的学习机会和教材出版机会。

由于编者水平有限，书中难免存在不足甚至错误之处，恳请读者批评指正。

编 者

2022 年 6 月

目　　录

项目 1　认识物流市场营销

知识目标

- 掌握市场的概念，明确推销和营销的关系。
- 掌握市场营销的核心概念。
- 了解市场营销策划的基本内容。
- 了解市场营销环境分析的主要内容。
- 了解组织市场的购买行为分析。
- 了解物流企业 STP 分析。

能力目标

- 能够应用市场三要素进行案例分析。
- 能够进行简单的市场营销策划。
- 能够进行市场营销环境分析。
- 能够进行简单的组织市场购买行为分析。
- 能够进行简单的物流企业 STP 分析。

素质目标

- 具有独立思考、乐于分享、精益求精的职业素养。
- 具有良好的团队合作、分工协作的能力。
- 具有探索开拓、勇于创新的职业精神。

项目情境

京贸达物流有限公司成立于 2009 年，是一家集仓储、运输、包装、配送、信息咨询为一体的第三方物流服务性企业，拥有超过 3000 平方米的标准大型仓库和近 5000 平方米的货场为长期客户仓储；配有载重量 2 ～ 30 吨车辆 50 余台，可调度车辆 200 余台，可承接全国各地整车零担货物运输等货运服务。京贸达物流有限公司旗下设有六大营业区，拥有 160 家直属分店及营业部，员工 5200 多名，服务网络遍及全国 300 多个城市。公司已引领物流行业多年，可提供门到门、点到点的服务，一票到底，误时免收全程运费，保价货物货损、货丢按保价赔偿。

京贸达物流有限公司拥有庞大的信息网和先进的 Internet 物流管理系统，可运输各种货物，仓储设备配置精良，已建成一支高素质、专业化且具有多年仓储、配送、运输、操作经验的现代化物流队伍，可根据客户具体特点设计策划个性化物流配送方案，并提供全过程、全方位、全天候的综合物流方案。其不仅提供各地区、各类型客户需求的信息交流平台，还提供从生产、销售到市场跟踪的信息网络服务。

京贸达物流有限公司始终坚持“用真诚赢得信誉，用信用保证效益”的企业经营理念，立足北京，扎根京津冀，延伸国内。公司坚持“以客户为中心”的服务理念，坚持以“安全高效准确即时”为服务目标，通过优良的服务赢得信誉，让客户体会到服务第一、客户至上，公司的每一位员工都在以最大的热情服务于每位客户。公司管理严格按照 ISO9002 质量体系标准，进行“PDCA”式循环质量管理，全员参与，全面透彻，互相监督，全程监控。

在经营战略上公司计划拓展更多满足客户需求、符合城市发展的经营业务。公司逐步实施现代科学物流发展战略，业务配送以京津冀为主，面对珠江三角洲，借助自身货运专线辐射全国，目前已为多家大型零售商、采购商和知名产品制造商提供最优质的物流服务。公司所有的运输车辆及运输司机均经过严格的考察、考核，制定了统一的运行标准、量化指标、奖罚制度及专门管理，并为所有的车辆提供后勤保障服务。公司成立至今，业务得到了飞速发展，客户经营产品类型有电子器材、电器、家具、机械、化工等；已承接多家大型企业的储运业务，其中以华为技术、艾美特、比亚迪为代表。

京贸达物流有限公司的发展目标为“实施现代科学物流发展战略，铸就集成功能型供应商品牌”。在实践与探索中，公司建立健全了一套完整的物流管理体系，积累了丰富先进的管理经验，生成了新兴的运输理念，创造了不同于货运代理的专线储运业务，大大减少了中间环节，降低了管理成本，以合理的收费优势为客户提供了满意的服务。近年来公司连续三年被评为“北京市优质诚信企业”。

任务 1.1　认识“市场”

明达是某职业学院物流管理专业的学生，他发现自己的课程中有一门“物流市场营销”的课程。明达很好奇，“市场”不就是有买卖的地方，营销不就是卖出产品，可是物流专业要卖什么产品呢？物流专业的学生为什么还要学习市场营销？物流市场营销和一般的市场营销有什么不同呢？

工作内容

1．用关键词写出市场三要素，填入工作页表 1-1-1。

2．对广义市场、经营者角度的市场、宏观角度的市场进行简短定义及描述，填入工作页表 1-1-1。

3．思考物流企业的“市场”在哪里？组织头脑风暴进行观点搜集，填入工作页表 1-1-2。

学习材料

材料 1 市场及其三要素

传统的观念认为，市场指的是商品交换的场所，如商店、集市、商场、批发站、交易所等，这是市场的最一般、最容易被人们理解的概念，所有商品都可以从市场流进流出，实现了商品由卖方向买方的转移。

广义的市场是由那些具有特定需要或欲望，愿意并能够通过交换来满足这种需要或欲望的全部顾客所构成的。这种市场范围，既可以指一定的区域，如国际市场、国内市场、城市市场、农村市场，也可以指一定的商品，如食品市场、家电市场、劳动力市场等，甚至还可以指某一类经营方式，如超级市场、百货市场、专业市场、集贸市场等。

从广义的市场概念可以看到，市场的大小并不取决于商品交换场所的大小，而是取决于那些表示有某种需要，并拥有使别人感兴趣的资源，而愿意以这种资源来换取其所需要的东西的主体数量。具体来说，市场由购买者、购买力和购买愿望三要素组成。只有当三要素同时具备时，企业才拥有市场。

材料 2 “整体市场”的认知

市场是社会分工和商品经济发展到一定程度的产物，随着社会生产力的发展、社会分工的细分，商品交换日益丰富，交换形式复杂化，人们对市场的认识日益深入。

但是，随着商品经济的飞速发展和繁荣，商品交换过程和机制日益复杂起来，狭隘的传统市场概念已远远不能概括全部商品的交换过程，也反映不了商品和服务交换中所有的供给和需求关系，因此，市场这个概念已不再局限于原有空间范围，而演变为一种范围更广、含义更深的市场概念。

从经营者的角度来看，人们常常把卖方称为行业，而将买方称为市场，这里买方与卖方之间由 4 种流（商流、物流、资金流、信息流）相连。卖方把商品或服务送到市场，并与市场取得沟通，买方把金钱和信息送至行业。

从宏观角度来看，市场是所有交换关系活动的总和，其交换内容可以是有形的，如商品市场、金融市场、生产要素市场等，也可以是无形的，如服务市场。这些由交换过程连接而形成的复杂市场，就构成了一个整体市场。

在整体市场中，生产者主要从资源市场（工业品市场）购买资源，生产出商品或服务卖给中间商，中间商再出售给消费者，消费者则用出卖劳动力所得到的报酬来购买其所需的商品和服务；政府则是另一种市场，它为公众需要提供服务，对各市场征税，同时也从资源市场、生产者市场和中间商市场采购商品与服务。

工作页

表 1-1-1　认知市场工作单

概念	简短描述
市场三要素	
广义市场	
经营者角度的市场	
宏观角度的市场	

表 1-1-2　物流市场认知工作单

扩展活动	头脑风暴：物流企业的“市场”在哪里？
主持人：______	今天讨论的问题是：物流企业的“市场”在哪里？请大家畅所欲言，过程中我们不加以任何评价，记录员请做好记录。
记录员：______	记录：

任务 1.2　认识“市场营销”

为了丰富职场经验，明达利用假期去打工，体验生活。他在一家超市当起了推销员。明达庆幸地想，我下学期才开始学习市场营销，可我已经准备干营销的工作了。说不准到时候，我可以充当“营销大师”给同学们传授宝贵经验呢！

工作内容

1. 请思考“市场营销”和“推销”的区别，填写工作页表 1-2-1 中的第 1 题。

2. 分析判断工作页表 1-2-1 中所列举的各种行为属于“营销”还是“推销”，填写工作页表 1-2-1 中的第 2 题。

学习材料

材料 1　“市场营销”概念认知

市场营销也称营销，是由英文“Marketing”一词翻译过来的。“市场营销”一词的含义是什么，长期以来，许多人仅仅把市场营销理解为推销（Selling）。其实，推销只是市场营销多重功能中的一项，并且通常还不是最重要的一项。正如美国著名管理学家彼得•德鲁克（Peter Drunker）所言：可以设想，某些推销工作总是需要的，然而，营销的目的就是要使推销成为多余，从而使产品或服务完全适合顾客需要而形成产品自我销售；理想的营销会产生一个已经准备来购买的顾客群体，剩下的事情就是如何便于顾客得到这些产品或服务。

市场营销是一个动态发展的概念。世界营销权威菲利普 • 科特勒（Philip Kotler）所提出的定义为：“市场营销是个人和群体通过创造产品和价值，并同他人进行交换以获得所需所欲的一种社会和管理过程。”根据这一定义，可以对市场营销概念归纳出以下要点：

（1）市场营销的终极目标是满足需求和欲望。

（2）市场营销的核心是交换，而交换过程是一个主动、积极寻找机会、满足双方需求和欲望的社会和管理过程。

（3）交换过程能否顺利进行，取决于营销者创造的产品和价值满足顾客需要的程度和交换过程管理的水平。

营销是关于企业如何发现、创造和交付价值以满足一定目标市场的需求，同时获取利润的学科。营销学用来辨识未被满足的需要，定义、量度目标市场的规模和利润潜力，找到最适合企业进入的市场细分和适合该细分市场的供给品。营销，就要知道市场需求，抓住市场需求欲望，以最好的方案进行推广、扩充，营造需求氛围，并进行目标销售，达到广告效应、品牌效应，以树立品牌性。营销的另一个概念就是推广，提高曝光率。

现代企业市场营销活动包括市场营销研究、市场需求预测、新产品开发、商品市场投放策划、物流、广告、直复营销、销售促进、售后服务、市场信息管理、公共关系等。形象地讲，营销意味着企业先开市场，后开工厂。市场营销不同于推销或促销，推销或促销只是一种营销手段，而营销是企业的全面战略。

营销部门首先要确定哪里有市场，市场规模如何，有哪些细分市场，消费者的偏好和购买习惯如何。营销部门必须把市场需求情况反馈给研究开发部门，让研究开发部门设计出适应该目标市场的最好的可能产品。营销部门还必须为产品走向市场而设计定价及分销和促销计划，让消费者了解企业的产品。在产品售出后，还要考虑提供必要的服务，让消费者满意。所以说，营销不是企业经营活动的某一方面，它始于产品生产之前，并一直延续到产品售出以后，贯穿于企业经营活动的全过程。

营销人员的职业含义是指，在各类企业、事业组织市场营销管理活动中从事市场调查、市场预测、商品（产品）市场开发、商品市场投放策划、市场信息管理、价格管理、销售促进、公共关系等的专业管理人员。营销人员的职业特点与推销人员有本质的区别，推销人员属于生产、经营过程中的操作者范畴，而营销人员在企业中从事专业管理工作，其工作性质决定了营销人员应具备较高的管理素质和多种技能。现代管理观念认为，营销就是使推销成为不必要。随着社会经济的发展和技术进步，传统的推销工作已不能适应企业经营的需要，依靠人员推销的产品也会越来越少。

材料2 “推销”与“营销”的关系

推销就是帮助生产厂家把产品批发到销售部门或直接通过零售把产品送到消费者手中，服务部门把服务送到需要服务的顾客手中的活动过程，即推广销路，推销陈货，泛称宣传某种理论、观念。自改革开放以来，推销带着模糊的概念在我国企业中得不到充分的理解，无法发挥重要的作用。在众多的企业里脱颖而出，除了要有好的经营者决策以外，恐怕实施执行营销方案的还是直接与客户打交道的业务人员。在商品经济发达的国家，人们认为“推销工作是经营的命脉”，推销员是“熟悉经济环境及应付市场变化的好手”和“新产品的建议者和开发者”。

从广义的角度讲，推销是由信息发出者运用一定的方法与技巧，通过沟通、说服、诱导与帮助等手段，使信息接收者接受发出者的建议、观点、愿望、形象等的活动总称。从狭义的角度讲，推销是指企业营销组合策略中的人员推销，即企业推销人员通过传递信息、说服等技巧与手段，确认、激活顾客需求，并用适宜的产品满足顾客需求，以实现双方利益交换的过程。

美国营销学权威菲利普·科特勒认为“营销最重要的内容并非推销，推销只不过是营销冰山上的顶点……，如果营销者把认识消费者的各种需求、开发适合的产品，以及定价、分销和促销等工作做得很好，这些产品就会很容易地销售出去。”

从营销（Marketing）和推销（Sales Promotion）的英文词根上看，营销是 Market（市场），推销则是 Sale（出售、卖出）。由此我们也可以看出一丝端倪，市场营销侧重的是“市场”，而推销则侧重于“售卖”。可以说，市场营销是一种市场行为，是策略层面的；而推销则是一种售卖行为，是技术层面的。营销理论的应用作为企业的战略之一，关注的是企业长期利益，而推销作为一种销售技巧，则是一种短期行为。

如果说营销是一棵大树的话，那么推销就是这棵大树的其中一枝。营销理论中有一个著名的营销分析工作——4P 营销组合，即产品（Product）、定价（Price）、渠道（Place）和促销（Promotion）。推销作为这棵“大树”的一枝，是上述 4P 中促销的组成部分。营销和推销主要有三点不同。第一，推销只是营销的一小部分。如果从营销组合的 4P（产品、定价、渠道和促销）来看，推销只是促销的手段之一。第二，推销和营销的出发点不同。推销从卖方出发，是产品导向；营销从买方出发，是顾客导向。第三，推销和营销的方式不同。推销重在推，营销重在拉。如果拉力足够大，就不需要太多推力了。

材料 3 销售与营销的岗位职责

1. 销售人员岗位职责

销售人员在销售产品之前，做市场调查，有针对性地根据客户所需将产品销售给客户，并定期对客户使用产品的情况进行信息反馈。

销售人员的具体工作内容如下：

（1）根据部门总体市场策略编制自己分管市场的销售计划。

（2）全面掌握本市场的变化和竞争对手情况，了解客源市场布置的流量，注意市场结构的变化。

（3）对本市场中的客源大户要熟悉他们的基本情况，随时关注其变化，并适时做出应对。

（4）组织本组组员对新市场进行开发。

（5）管理开发好自己的客户。

（6）负责组织销售计划的审定及落实，并进行督查。

销售经理应该完成的任务包括市场调研和市场分析、销售年度的预测、销售目标的制定及分解、销售队伍的组建、对销售渠道和客户的管理，并应认真执行公司的各项规章制度。

销售经理的任务主要是围绕销售开展工作，很难全面地进行经营组合，也缺乏相应的职权。

2. 市场营销人员岗位职责

市场营销是建立在推销和销售两种基础之上的，更为高级、全面的一种经营方式。市场营销人员会以市场需求为主要出发点，综合运用组织销售等行为把商品销售给客户；也会对客户的意见进行收集反馈，此后进行整合再组织的销售行为。

营销人员的具体工作内容如下：

（1）根据公司总体市场策略编制自己分管市场的销售计划。

（2）全面掌握市场的变化和竞争对手的情况，了解客源市场布置的流量，注意市场结构的变化。

（3）对市场中的客源大户要熟悉他们的基本情况，随时关注其变化，并适时做出应对措施。

（4）善于发现市场中的空白点，对新市场进行开发。

（5）向公司传达和落实总公司的各类信息，并监督市场的执行状况。

（6）做好市场客户的管理及升级管理工作，保持客户档案的完整性。

（7）每月对市场状况进行一次分析总结，找出工作中存在的不足并提出改进方案，对下月的市场状况进行分析预测。

（8）参加市场经营分析会及年度、季度、月度的市场经营计划会。

（9）组织和参与一些交易会及市场促销活动。

市场营销经理可以在市场营销部组织专门的人员进行统一策划，实现从生产到最终顾客的产销高度一体化，提高企业对市场竞争的反应能力。

营销经理负责公司的营销组织、营销策划和营销管理，确保公司营销工作的正常运行。这里的营销工作主要包括管理销售、市场推广、招商、客服等。

工作页

表 1-2-1 “市场营销”和“推销”区分工作单

1. 以文字或画图形式说明“市场营销”和“推销”的区别	
市场营销	推销

2．分析以下行为属于“市场营销”还是“推销”，简单列明原因

行为	市场营销	推销
（1）客户需求调研		
（2）设计产品外形		
（3）开发企业 APP		
（4）召开产品发布会		
（5）赞助公益事业		
（6）拜访老客户		
（7）培训一线员工客户服务技能和要求		
（8）举办店庆促销活动		
（9）投资电影电视安插植入广告		
（10）调查分析竞争对手经营数据		

任务 1.3 认识“市场营销”核心概念

明达进入市场部，接受部门的培训。培训导师指出，要对市场营销进行深入细致的研究，首先应该掌握它的一些基本的核心概念，包括需要、欲望和需求、商品与服务、价值与满意、交换与交易。

工作内容

1．学习小组内任务分配

小组内个人分别阅读文本材料 1、材料 2、材料 3 或材料 4（每人阅读其中的一份）。

（1）负责阅读材料 1 的成员，画出关键词句，尝试用自己的语言解释需要、欲望、需求。

（2）负责阅读材料 2 的成员，画出关键词句，尝试用自己的语言解释商品和服务。

（3）负责阅读材料 3 的成员，画出关键词句，尝试用自己的语言解释价值和满意。

（4）负责阅读材料 4 的成员，画出关键词句，尝试用自己的语言解释交换和交易。

2．小组间合作学习

（1）各组中负责阅读相同材料的成员组成一个专家组。

（2）各专家组内部讨论，理解相关内容，确定学习材料的关键词。

（3）将每个材料的核心概念以易于理解的方式用海报的形式记录在工作页表 1-3-1 中，并加以解释。

3．小组内合作学习

各成员从专家组返回学习小组，向学习组同伴解读本人阅读部分的主要内容，相互提问，理解相关内容。

4．思维拓展

分析作为物流公司需要满足的需要、需求、欲望是什么，能够提供给客户的“价值”和“满足”是什么，完成工作页表 1-3-2。

学习材料

材料 1 需要、欲望和需求

1．需要（Needs）

构成市场营销基础的最基本的概念就是人类需要。它是指人们没有得到某些满足的感受状态。人们在生活中需要空气、食品、衣服、住所、安全、感情以及其他一些东西，这些需要都不是社会和企业所能创造的，而是人类自身本能的基本组成部分。

2．欲望（Wants）

欲望是指人们想得到这些基本需要的具体满足物或方式的愿望。一个人需要食品，想要得到一个面包；需要被人尊重，想要得到一辆豪华小汽车。

3. 需求（Demands）

需求是指人们有能力购买并且愿意购买某种商品或服务的欲望。人们的欲望几乎没有止境，但资源却有限。因此，人们想用有限的金钱选择那些价值和满意程度最大的商品或服务，当有购买力作后盾时，欲望就变成了需求。

企业并不创造需要，需要早就存在于营销活动出现之前，企业以及社会上的其他因素只是影响了人们的欲望。企业向消费者建议一种什么样的商品可以满足消费者哪些方面的要求，如一套豪华住宅可以满足消费者对居住与社会地位的需要。优秀的企业总是力图通过使商品富有吸引力、适应消费者的支付能力和容易得到来影响需求。

材料 2 商品与服务

人们在日常生活中需要各种商品（Goods）来满足自己的各种需要和欲望。

从广义上来说，任何能满足人们某种需要或欲望而进行交换的东西都是商品。

“商品”这个词在人们心目中的印象是实物，例如汽车、手表、面包等。但是，诸如咨询、培训、运输、理发等各种无形服务也属于商品范畴。一般用“商品”和“服务”这两个词来区分实体商品和无形商品。在考虑实体商品时，其重要性不仅在于拥有它们，更在于使用它们来满足人们的欲望。人们购买汽车并不是为了观赏，而是因为它可以提供一种被称为交通的服务。所以，实体商品实际上是向人们传送服务的工具。

服务（Service）则是一种无形商品，它是将人力和机械的使用应用于人与物的结果。例如，保健医生的健康指导、儿童钢琴知识教育、汽车驾驶技能培训等。

当购买者购买商品时，实际上是购买该商品所提供的利益和满意程度。例如，在具有相同的报时功能的手表中，为什么有的消费者偏爱价格高昂的劳力士手表？原因在于它除了基本的报时功能外，还是消费者成功身份的象征。这种由产品和特定图像、符号组合起来表达的承诺，能够帮助消费者对有形商品和无形商品做出购买判断。在很多情况下，符号和无形的产品让消费者感到更有形、更真实。由于人们不是为了商品的实体而买商品，商品的实体是利益的外壳，因此，企业的任务是推销商品实体中所包含的内核——利益或服务，而不能仅限于描述商品的形貌，否则目光就太短浅了。

材料 3 价值与满意

消费者通常面临一大批能满足某一需要的商品，消费者在这些不同商品之间进行选择时，一般都是依据商品所能提供的最大价值而做出购买决定的。这里所谓的价值（Value）就是消费者付出与消费者所得之间的比率。一般来说，消费者在获得利益的同时也需要承担成本。消费者所获得的利益包括功能利益和情感利益，而成本则包括金钱、时间、精力和体力。因此，价值可用以下公式来表达：

$$价值 = 利益成本 = 功能利益 + 情感利益 + 金钱成本 + 时间成本 + 精力成本 + 体力成本$$

企业可以通过以下几种方法来提高购买者所得价值：增加利益、降低成本、增加利益的同时降低成本、利益增加幅度比成本增加幅度大、成本降低幅度比利益降低幅度大。

一名顾客在对两件商品进行选择时，这两件商品的价值分别为 V_1、V_2，如果 V_1 与 V_2 相比比值大于 1，这名顾客会选择 V_1；如果比值小于 1，他会选择 V_2；如果比值等于 1，他会持中性态度，任选 V_1 或 V_2。

如果满意（Satisfaction）解释为顾客通过对某商品可感知的效果与他的价值期望相比较后所形成的愉悦或失望的感觉状态，则满意水平可表示为感知效果与价值期望之间的差异函数，即：

$$满意水平 = 感知效果 - 价值期望$$

如果效果超过期望，顾客就会高度满意；如果效果与期望相等，顾客也会满意；但如果效果低于期望，顾客就会不满意。

例如：

在南方的一个小镇中，有一位年轻的米店商人，名叫华明。他是该镇里 10 位米商之一，他总是待在店内等候顾客，所以生意并不大好。

一天，华明认识到他应该更多地为该镇居民着想，了解他们的需求和期望，而不是简单地为那些到店里来的顾客提供大米。他认为应该为居民提供更多的价值，而不能仅仅只是提供和其他米商一模一样的服务。他决定对顾客的饮食习惯以及购买周期建立记录档案，并且开始为顾客送货。

首先，华明开始绕着该城镇到处走，并且敲开每一位顾客的家门，询问家里有多少口人，每天需要煮多少碗米，家里的米罐有多大，等等。之后，他决定为每个家庭提供免费的送货服务，并且每隔固定时间自动为每个家庭的米罐补满。

例如，某 4 口之家，平均每人每天大概需要 2 碗米，因此这个家庭每天需要 8 碗米。从他的记录里，华明可以知道该家庭的米罐能装 60 碗米或者说接近一袋米。

通过建立这些记录以及提供的全新服务，华明首先成功地与老年顾客沟通，进而与更多的其他居民建立起更广泛、更深入的关系。他的业务也逐渐扩大，并且需要雇佣更多的员工，一个人负责接待到米店柜台来买米的顾客，两个人负责送货。华明通过花时间拜访居民，处理好与供应商及其所熟识的居民之间的关系，生意日益兴隆。

材料 4 交换与交易

需要和欲望只是市场营销活动的序幕，只有通过交换，营销活动才真正发生。交换（Exchange）是提供某种东西作为回报而与他人换取所需东西的行为，它需要满足以下 5 个条件：

（1）至少要有两方。

（2）每一方都要有对方所需要的有价值的东西。

（3）每一方都要有沟通信息和传递信息的能力。

（4）每一方都可以自由地接受或拒绝对方的交换条件。

（5）每一方都认为同对方的交换是称心如意的。

如果存在上述条件，交换就有可能。市场营销的中心任务就是促成交换。交换的最后一个条件是非常重要的，它是现代市场营销的一种境界，即通过创造性的市场营销，交换双方都达到双赢。

交易（Transaction）是交换的基本单元，是当事人双方的价值交换。或有说，如果交换成功，就有了交易。怎样达成交易是营销界长期关注的焦点，各种各样的营销课题理论实际上都可还原为对这一问题的不同看法。

市场营销就是以满足人们各种需要和欲望为目的，通过市场变潜在交换为现实交换的活动。毫无疑问，这种活动是指与市场有关的人类活动。在这种交换活动中，对交换双方来说，如果一方比另一方更积极主动地寻求交换，则前者称为营销者，后者称为潜在顾客。具体来说，营销者就是指希望从他人那里得到资源，并愿以某种有价值的东西作为交换的人。很明显，营销者可以是一个卖主，也可以是一个买方。假如有几个人同时想买某幢漂亮的房子，每个想成为房子主人的人都力图使自己被卖方选中，这些购买者就都在进行营销活动，也都是营销者。

工作页

表 1-3-1　海报制作工作单

材料 1：需要、欲望和需求	材料 2：商品与服务
材料 3：价值与满意	材料 4：交换与交易

表 1-3-2　物流公司“市场营销”核心概念分析单

概念	物流公司
需要满足的需要	
需要满足的需求	
需要满足的欲望	
能提供给客户的“价值”和“满足”	

任务 1.4 认识“市场营销策划”

在对营销树立了基本的认知后，培训师下发了两份营销策划书，让参培学员熟悉营销策划书的构成。明达和其他学员一样认真地看了起来，希望有一天自己也能撰写出一份优秀的营销策划书。

工作内容

1. 个人阅读材料 1 或材料 2，画出关键词。

2. 小组将市场营销策划书的主要内容绘制成思维导图，记录在工作页表 1-4-1 中，并加以解释。

3. 小组制定市场营销策划书编写工作计划，填入工作页表 1-4-2 中。

学习材料

材料 1 加多宝营销策划书

一、背景介绍

加多宝集团创立于 1995 年，隶属于香港鸿道集团，是一家集原材料种植、饮料生产及销售于一体的大型港资企业。1995 年加多宝集团在广东推出了第一批红色罐装“正宗凉茶”。加多宝出品的红色罐装“正宗凉茶”连续 5 年（2007—2011 年）荣获“中国饮料第一罐”，成为中国消费者最喜爱的凉茶饮料。

二、市场分析

当前饮料市场中，茶饮料、果汁饮料占据极大的市场份额，功能型饮料市场竞争力不强，但是随着人们对保健品要求的提高，对饮料的功效越来越注重。本公司主要从事罐装凉茶的生产和经营，服务于广大用户，目标是针对目标顾客的需求对凉茶的原材料严格把关，提升产品的科技含量，实现利润的稳步增长，并加强对“加多宝”品牌的文化建设，实现公司目标，为中国创造一个世界级的品牌。

（一）国内竞争对手

娃哈哈、和其正、王老吉、康师傅、统一、黄振龙凉茶等。

（二）国外竞争对手

可口可乐、百事可乐等。

（三）消费者分析

加多宝每罐 3.5 元的价格相对同类品牌来说是较高的，这与加多宝自身的生产成本有很大的关系。加多宝的高价位使其流失了许多客户。对低端消费者来说，他们可能更多地会选择同类产品中价位较低的产品，所以建议加多宝在标志性的红罐包装以外可以考虑增加别的包装形式以减少成本从而降低价格，扩大消费群体。

（四）SWOT 分析

优势：加多宝拥有红罐王老吉的配方，其口味已被消费者接受，拥有广大的消费群；加多宝的产业链占有绝对优势，原材料的加工、产业基地和营销渠道的管理团队都比较成熟；加多宝拥有红罐王老吉的红色外包专利；加多宝拥有优秀的管理团队和营销人才，对凉茶的营销经验丰富。

弱势：加多宝的唯一弱势，就是失去了价值 1080 亿元的“王老吉”商标，现在使用的是“加多宝”商标，“王老吉”是消费者认同的品牌，而对于加多宝，很多人还没听说过。

机会：随着人们健康意识的提高，人们对“能降火的饮料”的需求与日俱增；从情感方面讲，王老吉商标纠纷过后，80% 的消费者支持加多宝，并表示排斥广药。

威胁：我国的饮料市场竞争异常激烈，现在又多出了广药集团推出的红罐王老吉，加上和其正也推出了红罐凉茶，加多宝更是雪上加霜。

三、制定目标

（一）战略目标

坚持红色加多宝——具有“预防上火”功能的饮料的品牌定位，保持加多宝优质的品牌形象，进一步占领国内市场，并积极开拓国外市场，巩固加多宝集团的行业龙头地位，引领中国凉茶饮料的市场风潮。

（二）营销目标

巩固一线城市餐饮场所的销售渠道，进一步开拓二三线城市的火锅店、烧烤店和海鲜酒楼等餐饮场所，并与各地一批有影响力的酒楼成为战略合作伙伴，打造品牌旗舰店的形象。

（三）财务目标

进一步扩大市场消费的需求，迅速拉动产品销售，力争在 2013 年内销售业绩再翻一番。

（四）销售目标

在战略目标、营销目标和财务目标的基础上，结合以上对市场的预测，现制定出加多宝集团在 2013 年的目标为 120 亿元。

四、营销策略

（一）推广加多宝品牌

对于全国的消费者而言，加多宝是一个陌生的新名字，一个今年才突然冒出来的品牌。此次加多宝集团延续一贯的广告轰炸方式，在所有广告中强调“加多宝”三个字，并且通过“全国销量领先”来做品牌背书，让消费者相信它是一个有实力的品牌，并不是突然杀入的二三线品牌。相信通过这种持续不断的重复曝光，“加多宝”三个字很快就能让消费者熟悉起来，至少不会陌生，至少知道它是一种凉茶。

（二）留住老顾客

“全国销量领先的红罐凉茶改名加多宝”这句广告词，是希望将红罐加多宝与原来的红罐王老吉之间画上等号。让老顾客们相信，这个凉茶只是改了一个名字，其他一切不变，还一样是送礼佳品、餐饮伴侣、下火良药。留住老顾客是这则广告的最主要的目的。这符合加多宝集团 2012 年的主要战术“防守”。对于加多宝集团来说，2012 年只要守住 100 亿元销售额的基本盘，就是一次伟大的胜利，就是营销历史上的一个经典案例。

（三）阻击红罐王老吉

面对广药王老吉的磨刀霍霍，加多宝不可能坐以待毙，这则广告就是精明的一招。“全国销量领先的红罐凉茶改名加多宝”这句广告词其实还告诉消费者一个信息，原来的红罐王老吉已经改名加多宝了，以后你们再见到红罐王老吉，那就是另一种产品了，新红罐不等于老红罐。目前广药正在通过代工生产红罐王老吉，希望通过外形近似来蚕食加多宝的基本盘。这则改名广告就是一招釜底抽薪，它像一块盾牌一样将自己的基本盘牢牢保护起来，使广药只能在外干看着。

通过这则改名广告，可见加多宝集团已经从最初的打“悲情牌”走到了今天与“王老吉”彻底决裂，只有告别过去才能真正地站起来。加多宝正在一步步地抢占先机，相比之下，广药王老吉大健康产业公司还在为生产线烦扰，还在发布急招 3000 快消英才的广告，他可知对于快消品时间就是生命的道理。

虽然加多宝向北京一中院起诉驳回王老吉商标的仲裁，此案最快要到 7 月才有最终结果，但实际上官司已无悬念，用广药的话来说，王老吉回到了母亲的怀抱。回顾双方围绕价值 1080 亿元的商标“王老吉”的斗争，主要有两条战线：一条是法律，另一条是公关。法律较为刚性，胜负通常不以人的意志为转移；而公关是柔性的博弈，双方的策略与技巧决定胜负与收获。

（四）关键风险及控制

1. 经营企业品牌——实行产品品牌和企业品牌双驱动策略

采取产品品牌 + 企业品牌双驱动的策略运行，适时提高加多宝品牌的知名度和影响力，改变目前这种产品品牌与企业品牌绝对不相等的现象。这样不仅可以规避加多宝依附战略的短板，提高谈判影响力；还能为未来加多宝进行多品牌运作或者向自主品牌运作扫平诸多市场障碍。

2. 增加新的自主战略增长点

以目前加多宝的销售收入，特别是当凉茶这一品类还处于高速增长的状态来看，加多宝应该没必要去开发增加新的市场和利润增长点，但是在市场瞬息万变的今天，特别是当加多宝将发展全部寄托在王老吉这个单一租赁的品牌上的情况下，提前将新的市场、利润增长点纳入议事日程也并不是坏事。

对于消费者来讲，无论加多宝对凉茶或者王老吉的辉煌贡献有多么大，他们都不会联想到加多宝，更不会感谢加多宝，因为只要说到凉茶，人们必定会联想到王老吉，而说到王老吉，人们必定会联想到凉茶，这中间没有加多宝的任何事，所以这种品牌依附战略将会给加多宝埋下众多的市场和发展隐患。只有通过开发自有品牌、自有产品，开创新的利润增长点，从依附战略向自主战略过渡才能发挥加多宝的主观能动性，在经历任何市场变故时，才能从容应对，处变不惊。

3. 全资收购王老吉品牌

这对加多宝来说，是最好的一条路，也是从依附战略向自主战略过渡的一个捷径；但同样也是最困难的一件事情，虽然加多宝成就了王老吉这个品牌和凉茶这个品类，但是未来王老吉这个品牌和凉茶这个品类是否属于加多宝还存在着诸多变数。

五、产品策略

在 2002 年以前，从表面上看，红色罐装加多宝销量稳定，盈利状况良好，有比较固定的消费群，红色加多宝饮料的销售业绩连续几年维持在 1 亿多元，发展到这个规模后，加多宝的管理层发现，要把企业做大，要走向全国，他们就必须克服一连串的问题，甚至连原本的一些优势也成为困扰企业继续成长的原因。而这些所有困扰中，最核心的问题是企业不得不面临一个现实难题——红色加多宝当“凉茶”卖，还是当“饮料”卖？

（一）加多宝产品市场状态

现在广东、浙南消费者对红色加多宝认知混乱。在广东，传统凉茶（如冲剂、自家煲制、凉茶铺等）因下火功效显著，消费者普遍当成“药”服用，无须也不能经常饮用。因此，红色加多宝受品牌名所累，并不能很顺利地让广东人接受它作为一种可以经常饮用的饮料，销量大大受限。红色加多宝拥有凉茶始祖加多宝的品牌，却长着一副饮料化的面孔，让消费者觉得“它好像是凉茶，又好像是饮料”，陷入认知混乱之中。面对消费者这些混乱的认知，企业亟需明确红色加多宝的核心价值，并与竞争对手区别开来。

红色加多宝无法走出广东、浙南。十多年前，在两广以外，人们并没有凉茶的概念，中国人特别是北方人大多数会认为凉茶是中药，而不会当作饮料，而且，内地的消费者“降火”的需求已经被填补，大多是通过服用牛黄解毒片之类的药物来解决。作凉茶困难重重，作饮料同样危机四伏。因此对加多宝而言最初的问题就是改变消费者对凉茶的认识，形成消费习惯，最终成为大多数人的共性需求。

这就使红色加多宝面临一个极为尴尬的境地：既不能固守两地，也无法在全国范围推广。

（二）重新定位，开创新品类

在进行了一系列的分析与实践后，加多宝十分策略性地将加多宝定位为：预防上火的功能性饮料。

“开创新品类”永远是品牌定位的首选。一个品牌如若能够将自己定位为与强势对手所不同的选择，其广告只要传达出新品类信息就行了，而效果往往是惊人的。加多宝作为第一个预防上火的饮料推向市场，使人们通过它知道和接受了这种新饮料，最终红色加多宝就会成为预防上火的饮料的代表，随着品类的成长，自然拥有最大的收益。

因此，这就避免红色加多宝与以可口可乐、百事可乐的碳酸饮料和以康师傅、统一为代表的茶饮料、果汁饮料等国内外饮料巨头产品的直接竞争，相比较而言，红色加多宝的“凉茶始祖”身份、神秘中草药配方、175 年的历史等，显然是有能力占据“预防上火的饮料”的。并且红色加多宝的直接竞争对手，如菊花茶、清凉茶等由于缺乏品牌推广，仅仅是低价渗透市场，“预防上火”的饮料的定位使加多宝在细分市场上成为了新的行业第一，占据很大的优势。

六、价格策略

价格策略是指企业通过对顾客需求的估量和成本分析，选择一种能吸引顾客、实现市场营销组合的策略。物流企业的成本比较复杂，包括运输、包装、仓储等方面。所以价格策略的确定一定要以科学规律的研究为依据，以实践经验判断为手段，在维护生产者和消费者双方经济利益的前提下，以消费者可以接受的水平为基准，根据市场变化情况灵活反应，客观上由买卖双方共同决策。

定价，是企业在特定的定价目标指导下，依据对成本、需求及竞争等状况的研究，运用价格决策理论，对产品价格进行计算的具体方法。定价方法主要包括成本导向、竞争导向和顾客导向 3 种类型。近年来受金融危机和人民币汇率影响，物价上涨，导致采购成本和生产成本提高，其中生产成本占很大比例，所以成本控制是每个成功企业都要考虑的项目，而王老吉在成本控制方面很有成效。

首先，一个易拉罐的容量一般消费者都会下意识地理解为 355mL，但其实同样形似可口可乐的王老吉容量只有 310mL，虽然只是相差不到 50mL，但这可是占据着 1/6 的数额。

其次，在定价上多数超市为每罐 3.5 元，一般性餐饮场所定价 5 元，这可比一罐可口可乐的价格要高很多，就拿一罐日常超市卖的可口可乐 2.2 元为例就要高出 60%，但为什么还会有如此广阔市场呢？一是，王老吉的定位就非低价型饮料，且在广告宣传中尽量突出其降火气的功效而非价格低廉，因此当人们潜意识中接受这个产品的时候就会忽略其价格因素。二是，碳酸型饮料已经不被消费者所认同，而在最近的王老吉广告中，大量采用时尚白领的广告造型深入人心，同时在宣传场景中多采用日常消费者经常接触的诸如夜晚 K 歌、熬夜加班等都在暗示消费者王老吉的饮用场所很广泛。

包装罐成本：起初王老吉采用的是铁罐包装，每个罐子成本 0.8 元，后来王老吉悄悄换装，由厚重的铁罐变成了质地轻薄的铝罐，每个罐子可以节省 0.1 元或 0.2 元，整体大概可以便宜百分之十几，包材成本大大降低。在包材方面就会节省很大一笔钱。

设计成本：王老吉在饮料的瓶子设计上采用了瓶装和盒装的形状，并且常年不变外形设计，这样大大减少了成本费用，相对于在设计上变化多端、花样百出的可口可乐和百事可乐来说成本节省了好多。

回收成本：王老吉对饮料罐和不达质量的饮料瓶注重回收再利用，回收回来经过加工再处理进而投入生产，这样避免王老吉在设计成本上再支出部分费用以供销售，这样一来既保证了供货及时又能减少经费支出。

（一）成本导向定价法

以产品单位成本为基本依据，再加上预期利润来确定价格的成本导向定价法，是中外企业最常用、最基本的定价方法。成本导向定价法又衍生出了总成本加成定价法、目标收益定价法、边际成本定价法、盈亏平衡定价法等几种具体的定价方法。

1. 总成本加成定价法

在这种定价方法下，把所有为生产某种产品而发生的耗费均计入成本的范围，计算单位产品的变动成本，合理分摊相应的固定成本，再按一定的目标利润率来决定价格。

2. 目标收益定价法

目标收益定价法又称投资收益率定价法，是根据企业的投资总额、预期销量和投资回收期等因素来确定价格。

3. 边际成本定价法

边际成本是指每增加或减少单位产品所引起的总成本变化量。由于边际成本与变动成本比较接近，而变动成本的计算更容易一些，所以在定价实务中多用变动成本替代边际成本，而将边际成本定价法称为变动成本定价法。

4. 盈亏平衡定价法

在销量既定的条件下，企业产品的价格必须达到一定的水平才能做到盈亏平衡、收支相抵。既定的销量就称为盈亏平衡点，这种制定价格的方法就称为盈亏平衡定价法。科学地预测销量和已知固定成本、变动成本是盈亏平衡定价的前提。

（二）竞争导向定价法

在竞争十分激烈的市场上，企业通过研究竞争对手的生产条件、服务状况、价格水平等因素，依据自身的竞争实力，参考成本和供求状况来确定商品价格。这种定价方法就是通常所说的竞争导向定价法。竞争导向定价主要包括随行就市定价法、产品差别定价法和密封投标定价法。

1. 随行就市定价法

在垄断竞争和完全竞争的市场结构条件下，任何一家企业都无法凭借自己的实力而在市场上取得绝对的优势，为了避免竞争特别是价格竞争带来的损失，大多数企业都采用随行就市定价法，即将本企业某产品价格保持在市场平均价格水平上，利用这样的价格来获得平均报酬。此外，采用随行就市定价法，企业就不必去全面了解消费者对不同价差的反应，也不会引起价格波动。

2. 产品差别定价法

产品差别定价法是指企业通过不同营销努力，使同种同质的产品在消费者心目中树立起不同的产品形象，进而根据自身特点选取低于或高于竞争者的价格作为本企业产品价格。因此，产品差别定价法是一种进攻性的定价方法。

3. 密封投标定价法

在国内外，许多大宗商品、原材料、成套设备和建筑工程项目的买卖和承包，以及出售小型企业等，往往采用发包人招标、承包人投标的方式来选择承包者，确定最终承包价格。一般来说，招标方只有一个，处于相对垄断地位，而投标方有多个，处于相互竞争地位。标的物的价格由参与投标的各个企业在相互独立的条件下来确定。在买方招标的所有投标者中，报价最低的投标者通常中标，它的报价就是承包价格。这样一种竞争性的定价方法就称密封投标定价法。

（三）顾客导向定价法

现代市场营销观念要求企业的一切生产经营必须以消费者需求为中心，并在产品、价格、分销和促销等方面予以充分体现。根据市场需求状况和消费者对产品的感觉差异来确定价格的方法叫作顾客导向定价法，又称“市场导向定价法”或“需求导向定价法”。需求导向定价法主要包括理解价值定价法、需求差异定价法和逆向定价法。

1. 理解价值定价法

所谓“理解价值”，是指消费者对某种商品价值的主观评判。理解价值定价法是指企业以消费者对商品价值的理解度为定价依据，运用各种营销策略和手段影响消费者对商品价值的认知，形成对企业有利的价值观念，再根据商品在消费者心目中的价值来制定价格。

2. 需求差异定价法

所谓需求差异定价法，是指产品价格的确定以需求为依据，首先强调适应消费者需求的不同特性，而将成本补偿放在次要的地位。这种定价方法，对同一商品在同一市场上制定两个或两个以上的价格，或使不同商品价格之间的差额大于其成本之间的差额。其好处是可以使企业定价最大限度地符合市场需求，促进商品销售，有利于企业获取最佳的经济效益。

3. 逆向定价法

这种定价方法主要不是考虑产品成本，而重点考虑需求状况。依据消费者能够接受的最终销售价格，逆向推算出中间商的批发价格和生产企业的出厂价格。逆向定价法的特点是：价格能反映市场需求情况，有利于加强与中间商的良好关系，保证中间商的正常利润，使产品迅速向市场渗透，并可根据市场供求情况及时调整，定价比较灵活。

（四）选定最终价格

1. 新产品定价
2. 心理定价
3. 折扣定价
4. 歧视定价（差别）

（五）销量导向性定价目标

目前在大多数市场上加多宝罐装的价格为3.5元每罐，而瓶装价格为4.5元每瓶，相对于其他凉茶产品价格而言加多宝市面价格是相同的。由于凉茶属于快消产品，在市场上的需求弹性较大，而且加多宝品牌目前在市场上的认知度并不高，所以加多宝公司采用降低凉茶产品的价格来换取更多的销量，通过获得更多的销量来占领市场份额。并且采用价格歧视的定价法针对不同市场进行不同定价，之前加多宝给批发部的价格是 72 元每件，进 35 件送 1 件（24 罐），相当于 70 元每件，现在则是 30 件送 1 件，因此实际价格已经降到 70 元每件都不到，降价是最直接最有效吸引经销商的办法。

（六）价格策划对加多宝企业的意义和作用

1. 维持企业生存的基础
2. 争取当期最大利润的手段
3. 保持、扩大市场占有率的武器
4. 保持最优产品质量的保证
5. 抑制和应付市场竞争的方法

七、营销渠道策划

20 世纪 90 年代后期开始，王老吉开始采取区域代理的间接分销模式。王老吉公司在全国以行政区域为单位，划分为华南、华东、华北、西北、东北、西南等若干个业务区域，然后指定若干个区域代理，把产品供应给这些区域代理商，然后区域代理商再向整个城市或者其他小城市的二级批发商进行供货，然后供应到消费者终端。形成了生产者—区域代理商—批发商—零售商—消费者的一种间接渠道模式。这种区域代理目前是王老吉分销渠道里采用比较多的一种方式。

间接渠道的特点是通过专业分工使商品销售简单化，促进了生产和流通的发展，借助中间环节可增加商品销售的覆盖面，有利于扩大商品市场占有率。

营销渠道策略是整个营销系统的重要组成部分，它对降低企业成本和提高企业竞争力具有重要意义，是规划中的重中之重。随着市场发展进入新阶段，企业的营销渠道不断发生新的变革，旧的渠道模式已不能适应形势的变化。包括渠道的拓展方向、分销网络建设和管理、区域市场的管理、营销渠道自控力和辐射力的要求。

（一）开辟餐饮新渠道

餐饮渠道是加多宝的重要销售渠道，加多宝选择湘菜和川菜馆、火锅店作为“加多宝诚意合作店”，还与肯德基进行亲密合作，肯德基已经将加多宝作为中国的特色产品，确定为其餐厅现场销售的饮料产品，这是中国大陆目前唯一进入肯德基连锁的中国品牌。

（二）现代树立形象

现代渠道的入场费、堆头费等费用由加多宝承担，产品由当地经销商直接供货。现代（KA）渠道操作的基本准则第一条是比竞品位置显眼、多、时间长；第二条是 KA 卖场里的货一定是日期最好的，当地经销商到新货后，及时把 KA 卖场里的旧货换到其他渠道去，给消费者以加多宝产品畅销、新鲜的感觉；第三条是单罐加多宝零售价永远保持 3.5 元每罐，禁止搞特价促销，搞特价永远是 6 联装和 12 联装。

（三）批发上规模

加多宝在流通渠道主要发展有一定配送能力的邮差商（分销商），分区域分渠道进行小店、餐饮、特通等终端店覆盖，要求签约的邮差商能压 300 ～ 500 箱货以上。批发渠道的活动大多采用常规的搭赠促销手段，例如平时搞 35 搭 1，旺季时搞 30 搭 1，先由经销商垫付，活动结束后核销。

（四）小店建网络点

加多宝每个办事处的业务人员大约有 80 人，在日常管理中，要求每个业务人员每人每 7 天要拜访 35 家终端点，每人每天要开发 3 家新客户，每人每天要张贴 30 张以上 POP，每人每天要包 3 个冰箱贴，用量化管理强力开发、建设终端网络，搞“人海战术”，同时采取类似当年徐根宝“抢、逼、围”的足球战术，在终端市场上与竞品抢客户，在货架陈列上逼竞品，在生动化上围竞品，这就是加多宝强势的终端所在。

（五）特通找突破

加多宝的特通渠道主要是网吧和夜场，网吧的主要操作手段是给陈列费，提供品尝品，提供冰桶，也搞公关营销，对网吧工作人员进行收集拉环兑换小礼品活动。夜场的主要操作手段是请导购、提供品尝品和联合促销，加多宝夜场导购员的工资高达 80 元 / 天；刚入场时给夜场搞每个包房免费提供 1 罐加多宝的活动；或与 ** 啤酒搞联合促销，买 1 打啤酒赠送 2 罐加多宝，现在也尝试营销创新，用加多宝兑红酒。

1. 批发商

饮料食品批发公司、大型批发连锁超市、散客交易批发市场。

2. 零售商

传统食品零售渠道：食品店、食品商场；超级市场渠道：独立超级市场和商场内超级市场；平价商场和百货商店；各大娱乐场所，如酒吧、KTV、游乐场等；快餐店；各个旅游景点。

3. 渠道成员之间的协调

（1）渠道成员之间的协调主要是直供与中间商的协调。

直供是生产商的基本战略，发展直供与发挥中间商的作用并不矛盾，问题在于两者之间的比例如何确定才合理。原则上，比例关系应使渠道成本最低和效率更高。现实中可通过对渠道的考核分析不定期地动态调整来实现上述目标。企业渠道管理的目的在于掌握产品的最终流向，并直接向最终用户提供服务和技术支持。从这个意义上讲，并不存在直供和通过中间商的绝对排斥性，企业考虑的重点是两者的比例协调和规范发展。

（2）优秀的营销渠道特点：高效率、低成本、广分布。

（3）强化渠道管理的作用：控制企业营销成本，促进各级渠道相互配合，降低企业运营成本，提高企业竞争力。

4. 营销模式

加多宝的营销模式是“总经销制 + 深度分销”的模式。具体就是，加多宝在每个大区设立一名总的经销商，然后发展特定能力的经销商和分销商，这个特定能力就是专业配送的能力。

这样的渠道模式，其背后是人海战术。所谓人海战术，顾名思义，就是通过招募大量的业务员进行地毯式的终端开发、维护和管理。

八、促销策略

在促销策略方面，加多宝主要选取了广告宣传、人员推广、公关事件营销等方式。

（一）广告宣传

为了在大江南北释放出声音，让所有的人都认识加多宝凉茶，加多宝一开始就选择了央视这一平台。2003 年，人们在电视上看到了“怕上火，喝加多宝”这一则轰动中国的广告，2004 年加多宝又参加了央视黄金广告段位招标会，以 4000 余万元广告费进入央视标王行列。2006 年世界杯期间，广告投入更是高达 2 亿元，在 2007 年央视广告招标大会上，加多宝以 4.2 亿元的强势投入成为标王，引人关注。

（二）人员推广

除了在传统渠道的 POP 广告外，配合餐饮新渠道的开拓，为餐饮渠道设计布置了大量的终端物料，如设计制作了电子显示屏、灯笼等餐饮场所乐于接受的实用物品，免费赠送。在传播内容选择上，充分考虑终端广告应直接刺激消费者的购买欲望，将产品包装作为主要视觉元素，集中宣传一个信息：“怕上火，喝加多宝。”餐饮场所的现场提示最有效地配合了电视广告。正是这种针对性的推广，消费者对红色加多宝“是什么”“有什么用”有了更强、更直观的认知。

在频繁的促销活动中，加多宝同样注意围绕“怕上火，喝加多宝”这一主题进行。如最近一次促销活动，加多宝公司举行了“炎夏消暑加多宝，绿水青山任我行”刮刮卡活动。消费者刮中“炎夏消暑加多宝”字样，可获得当地避暑胜地门票两张，并可在当地度假村免费住宿两天。这样的促销，既达到了即时促销的目的，又有力地支持巩固了红色加多宝“预防上火的饮料”的品牌定位。

（三）公关事件营销

“要捐就捐一个亿，要喝就喝加多宝”。2008 年“5·12”地震后央视举办的募捐晚会上，加多宝捐款 1 亿元的义举，与当时某些著名企业的吝啬举动形成强烈反差，激起了全国人民情绪性的拥戴，“要捐就捐一个亿，要喝就喝加多宝”“今夏喝饮料，就喝加多宝”等煽动性语言在网上广为传播，社会美誉度达到了巅峰的同时，人们也开始狂喝加多宝。

加多宝也十分注重公关事件，比如 2003 年“非典”之后，钟南山在接受电视采访时的一句话为凉茶做了一次价值不可估量的广告——“广东人自古以来就有喝凉茶的习惯，喝凉茶对抵抗 SARS 病毒有良好效果。”以如此的形式来大力地推广加多宝凉茶的销售，打响了品牌，使其销售业绩逐年攀升。

2008 年北京奥运会前夕，纽约哈德逊河上，加多宝打出“2008，Welcome to

Beijing，China”的横幅，表明了他的身份和来历。

2010 年亚运会，红罐加多宝打破了可口可乐和百事可乐对国际顶尖赛事的垄断，跻身第 16 届亚运会高级合作伙伴之列，借助亚运营销，为品牌注入了国际化元素。

2011 年，加多宝联合音乐风云榜、娱乐现场两大栏目，相约 100 多名明星共唱红歌，再次将加多宝品牌从一个传统饮品推向了时尚前沿，注入了更多的时尚文化。

自身逐渐壮大的同时，加多宝将加多宝承载的文化外延，始终保有济世之怀，汶川、玉树地震之后的亿元善举的背后，加多宝阐释的是对慈善的持之以恒。“加多宝 • 学子情”已经持续开展十多年，覆盖全国 31 个省、市、自治区，资助 4000 名高考贫困学子顺利进入大学，资助总额超过 2000 万元。

材料 2 王老吉营销策划书

前言

在当今这个经济日益增长、生活条件越来越好的社会，人们越来越会享受生活，但同时人们也越来越注重生活的品质。现实表明，生活的健康离不开健康的生活习惯、健康的生活方式和健康的饮食。王老吉是凉茶的始祖，始创于清朝道光年间，现已有百年历史；选用草本植物材料，运用先进科学方法酿制而成，具有清热降火功效，这是其他产品所不具备的。公司针对现阶段的状况和存在的问题做出了此策划，有利于解决问题。此策划书对产品的营销环境分析、消费者分析、产品分析，企业和竞争对手竞争状况分析以及企业与竞争对手的广告分析等作了具体介绍。本策划书主要针对现今存在的问题提出有利于解决现状的办法和建议。希望此策划书能给王老吉带来新的前景和新的销量。

一、企划概要

企划概要如图 1-4-1 所示。

二、现状分析

（一）宏观分析

改革开放以来，我国经济取得了飞速的发展，但是近几年世界经济出现了走低趋势，我国经济也受到了一定的影响。

随着生活水平的不断提高，人们日益关注健康饮食，保健饮品已成为主流饮品。近年来人们对保健饮品的消费呈日益增长趋势，对饮料的要求也越来越高。

（二）微观分析

1. 市场潜力

饮料是一个巨大的市场。特别是在夏季，饮料的销量不断增大，而王老吉以其特有的口味不断占领市场份额。饮料市场规模在不断增大，消费者最近两年喝饮料的数量有所增加，饮料市场容量在不断扩大，整个饮料行业市场前景看好。有关数据显示，老牌瓶装水和碳酸饮料增势日疲，已连续两个年度负增长；新的功能饮料和茶饮料近两年增幅趋稳，稳中有升；增势最为明显的还要数果汁饮料。

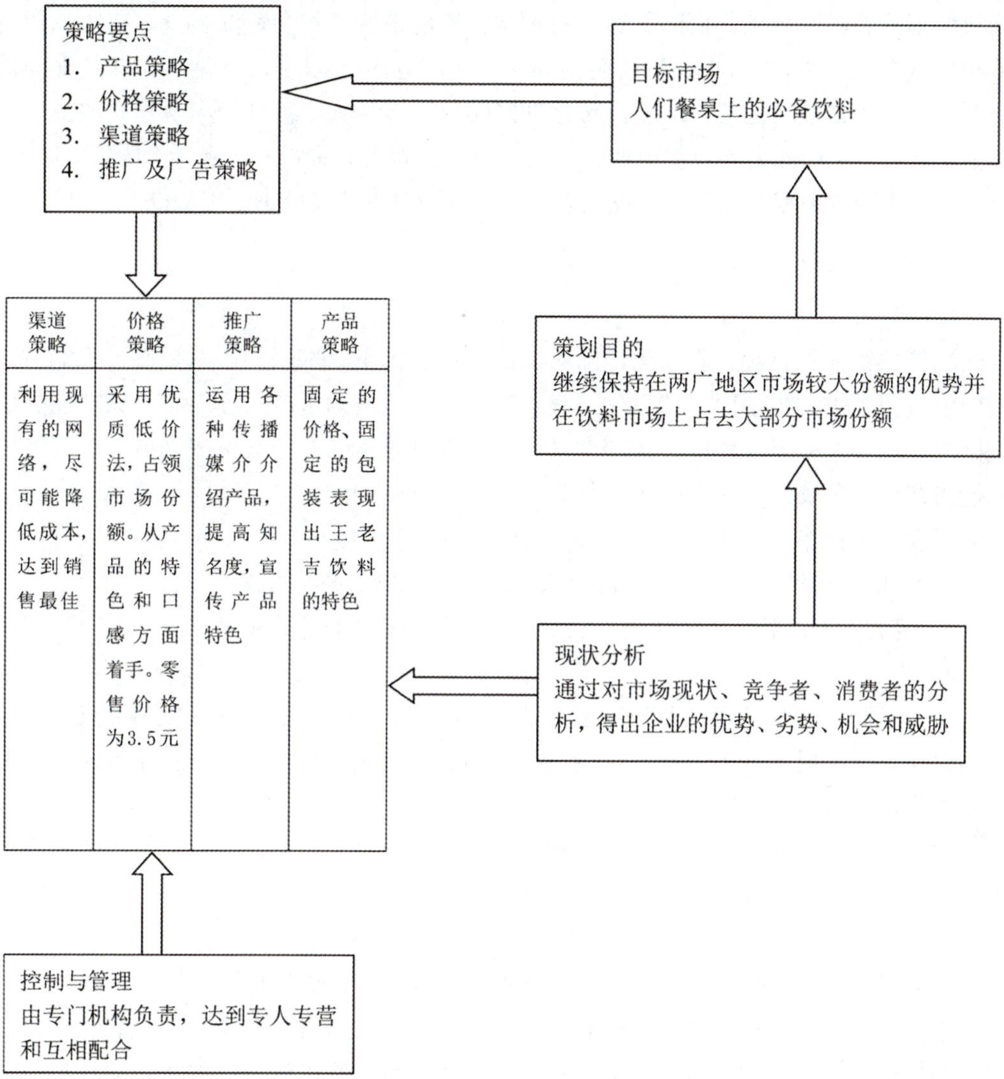

图 1-4-1　企划概要

2. 竞争者

目前中国市场的饮料品种繁多，竞争激烈。其中，可口可乐、百事可乐、康师傅、汇源、统一等占领着中国的大部分市场份额，且每种品牌都有各自的订单和稳定的销量。想要打破平衡，迅速占领市场，在原有的规模上来讲是比较有难度的。所以要推陈出新，做好广告战略和得到消费者的认可，还要摸清楚自己的竞争对手的营销战略及其战略定位。

3. 消费者需求的特点

有 1/4 的消费者表示最近两年喝饮料的数量基本上没有变化，仅有少量消费者最近两年喝饮料的数量减少了，表明有近 1/2 的消费者喝饮料的数量在增加，饮料市场容量在不断地扩大，整个饮料行业市场前景看好。根据市场调查分析看出，喝功能性饮料的消费者越来越多，而喝碳酸饮料和水饮料的消费者将会逐渐减少。在影响饮料购买的众多因素中，“口味好”排名最高，比例超过 50% 以上。可见，口味是影响消费群体购买的最重要因素。其次，价格的影响也不容忽视，被列为影响购买的第二大因素。同时，品牌知名度、保质期、购买方便也成为人们购买时普遍考虑的较重因素，另外，广告影响也相当重要。所以王老吉要针对消费者的需求来制定战略。

（三）结果分析

1. 优势

功能性饮料将热卖饮料市场，随着我国城市居民生活水平的不断提高，人们对饮料的消费需求也发生了明显的变化。喝饮料不再仅仅是为了解渴，而希望饮料能提供如降火、美容、补充人体中必需的微量元素和健身等附加的一些保健功能。具有特定功能的饮料将会成为今后饮料行业中又一个重要的细分市场。

淡淡的中药味，成功转变为“预防上火”的有力支撑。

3.5 元的零售价格，因为“预防上火”的功能不再“高不可攀”。

“王老吉”的品牌名、悠久的历史，成为预防上火“正宗”的有力支撑。

2. 劣势

（1）最大威胁和挑战主要是来自跨国饮料品牌的鲸吞蚕食和本土饮料品牌之间的同质化竞争，同质化竞争态势不仅表现在产品的同质化，也表现为广告塑造品牌形象的同质化，从而无法有效形成品牌个性和实现市场区隔。

（2）品牌竞争的白热化、品牌消费的集中化以及经营理念的滞后性等因素更是成为制约企业发展的“瓶颈”。

3. 机会

（1）日益细分化的消费群体为饮料企业开展目标营销提供机会。

不同饮料群体有着不同的饮料消费需求，这些差异表现在对口味、品牌、价格、包装、促销和广告风格等一切消费者接触产品及信息的领域，高度细分化的市场为饮料企业进行市场拓展提供无限空间。

（2）饮料企业市场渗透的地域差异为其避实就虚策略创造空间。

饮料企业可以根据各品牌市场占有情况对竞争企业很少进入和尚未形成领导品牌的地区进行市场渗透和重点攻击，即集中优势兵力对竞争品牌实现侧翼包抄。同时不同地域的饮料消费习惯和口味具有一定差异，饮料企业对此也应予以重视。

4. 威胁

品牌集中度：混合型果汁最高，水 / 茶饮料最低，我国本土饮料企业大都实行分散经营，规模一般比较小；区域性饮料品牌比较多，真正在全国饮料市场上有影响的名牌产品屈指可数。竞争力比较大。

三、市场细分

（一）目标市场策略

1. 市场细分

碳酸饮料：以可口可乐、百事可乐为代表。

茶饮料、果汁饮料：以康师傅、统一、汇源为代表。

功能性饮料：以菊花茶、清凉茶等为代表。

2. 目标市场选择

企业的产品归属在饮料行业中，其直接的竞争行业是“功能性饮料”。

3. 目标市场战略

红色王老吉顺应现有消费者的认知而且没有与之冲突。

红色王老吉是作为一种功能性饮料，购买红色王老吉的真实动机是用于“预防上火”。

（二）产品分析

1. 现有饮料产品分析

现有饮料产品的不足：调查显示，现有饮料产品的不足主要有产品太多，分不清好坏；共性太强，项目策划个性太少；品牌杂乱；营养成分缺乏；碳酸饮料太多；补充体力的饮料很少；功能单一。

2. 产品生命周期分析

各种饮料类型在市场所处的阶段不同，市场空间和拓展策略也表现很大差异。碳酸饮料已经进入产品成熟期，品牌集中度非常高，企业可以通过扩大分销渠道和市场覆盖率来实现效益增长；果汁饮料和茶饮料还均处于产品成长期，市场空间仍然很大。现在很多地方的茶饮料消费还属于培育期，相信市场前景非常广阔。同时一些新兴成长的饮料类型如保健和运动功能性饮料等也有望成为下一个饮料业经济增长点，目前市场上这类饮料还没有主打产品，消费需求也呈现出明显的增长态势。

3. 产品的品牌分析

品牌格局日益多元，国外品牌以可口可乐和百事可乐为主，国内品牌以娃哈哈、康师傅、统一三大品牌为主。以茶饮料为例，康师傅、统一之后，娃哈哈及众多二线品牌仍然在主流大潮中获得收益。品牌集中度在碳酸饮料和混合型果汁上最高，而水/茶饮料最低。

四、目标设定

（一）策划目的

继续保持王老吉在中国市场占有较大份额的优势，并在饮料市场上占有大部分的市场份额。

（二）策划目标

1. 目标市场

企业的产品归属在饮料行业中，其直接的竞争行业是“功能性饮料”。

2. 市场定位

（1）走出广东、浙南。由于“上火”是一个全国普遍性的中医概念，而不再像“凉茶”那样局限于两广地区，这就为红色王老吉走向全国彻底扫除了障碍。

（2）形成独特区隔。“预防上火的饮料”品牌定位的准确与新颖，使产品曾相互矛盾的双重身份得到完全有机的结合，使产品和竞争者能有效地区分开来。肯德基已将王老吉作为中国的特色产品，确定为其餐厅现场销售的饮品。

（3）将产品的劣势转化为优势。①淡淡的中药味，成功转变为“预防上火”的有力支撑；② 3.5 元的零售价格，因为“预防上火的功能”不再“高不可攀”；③“王老吉”的品牌名、悠久的历史，成为预防上火“正宗”的最好证明。

（4）利于加多宝企业与国内王老吉药业合作。

3. 需要解决的问题

最核心的问题是企业不得不面临一个现实难题——红色王老吉当“凉茶”卖还是“当饮料”卖？现有广东、浙南消费者对红色王老吉认识混乱；红色王老吉无法走出广东、浙南；企业宣传概念模糊。

4. 可能性

首先，要走出自己的怪圈。

其次，要保持自己原有的特色。

最后，要了解消费者的需求，作出正确的战略。

五、产品策略

（一）产品描述

王老吉配方中有夏枯草、仙草、蛋花、布渣叶等材料；外观红色的瓶面让人想起红火的中华；独特的中药味是其一大特色。

（二）产品名称

本次企业策划的饮料名称：王老吉。

（三）特点

清凉爽口，独特的中药味。

（四）功能

预防上火。

（五）包装

易拉罐式瓶装。

六、价格策略

（一）定价策略

王老吉进行了成功的产品定位和品牌定位后，3.5 元的零售价格，因为“预防上火的功能”不再“高不可攀”。主要目的是打开更多的市场。

（二）市场现状

功能性饮料将热卖饮料市场，随着我国城市居民生活水平的不断提高，人们对饮料的消费需求也发生了明显的变化。喝饮料不再仅仅是为了解渴，而希望饮料能提供如降火、美容、补充人体中必需的微量元素和健身等附加的一些保健功能。具有特定功能的饮料将会成为今后饮料行业中又一个重要的细分市场。

（三）定价因素

本产品定价主要考虑以下因素：同类产品价格、运输费、管理费、生产成本、包装成本、税金、合理利润、市场调查的结果等。

（四）最终定价

3.5 元的零售价格。

七、渠道策略

红色王老吉的电视媒体选择从一开始就主要锁定覆盖全国的中央电视台，并结合原有销售区域（广东、浙南）的强势地方媒体。

在针对中间商的促销活动中，王老吉除了继续巩固传统渠道的“王老吉销售精英俱乐部”外，还充分考虑了如何加强餐饮渠道的开拓与控制，推行“火锅店铺市”与“合作酒店”的计划，选择主要的火锅店、酒楼作为“王老吉诚意合作店”，投入资金与他们共同进行节假日的促销活动。红色王老吉迅速进入餐饮渠道，成为主要推荐饮品，同时王老吉可以根据现场的特点布置多种实用、有效的终端物料。在提升销量的同时，餐饮渠道也已成为广告传播的重要场所。

八、推广策略

（一）推广目标

使消费者更进一步认识王老吉，进一步提高王老吉的知名度并促进销售。

（二）推广组合

采用广告、公关、促销的组合方式。

（三）推广计划

主要是围绕“怕上火，喝王老吉”这一主题进行各类的促销活动。

公司应举行“炎夏消暑王老吉，绿水青山任我行”刮刮卡活动。消费者刮中“炎夏消暑王老吉”字样，可获得当地避暑胜地门票两张，并可在当地度假村免费住宿两天。同时，在针对中间商的促销活动中，公司除了继续巩固传统渠道的“王老吉销售精英俱乐部”外，还应该推行“火锅店铺市”与“合作酒店”的计划，选择主要的火锅店、酒楼作为“王老吉诚意合作店”，投入资金与他们共同进行节假日的促销活动。

九、广告策略

（一）广告目标

使公众进一步加强对王老吉降热去火的认识，提升王老吉的知名度。

（二）宣传对象

全国消费者。

（三）广告表现计划

1. 传递的信息

怕上火，喝王老吉。

2. 具体手法

路牌广告、电视广告、报纸、媒体。

3. 主题

怕上火，喝王老吉。

4. 广告宣传的创意及建议

消除消费者对传统功能性饮料不好的认识，增加王老吉配料的透明度，使消费者更好地认识王老吉。

十、组织与控制

王老吉产品定位为一个功能饮料，王老吉的作用就是“ 预防上火”，这就避免红色王老吉与以可口可乐、百事可乐为代表的碳酸饮料和以康师傅、统一为代表的茶饮料、果汁饮料等国内外饮料巨头产品的直接竞争，形成独特区隔。相比较而言，红色王老吉的“凉茶始祖”身份、神秘中草药配方、175 年的历史等，显然是有能力占据“预防上火的饮料”。而且红色王老吉的直接竞争对手，如菊花茶、清凉茶等由于缺乏品牌推广，仅仅是低价渗透市场，并未占据“预防上火”的饮料的定位。并做市场调查跟踪消费者，实时作出正确决策。

十一、预算

1. 费用预算

王老吉营销费用使用采取预算制，从大区到办事处到联络站，每个季度都有相应的费用进行推广活动，大概有消费者促销、通路促销、终端形象三项。消费者促销包括全国性品牌推广活动、赠饮促销、商场买赠、公益活动赞助、社区推广等；通路促销包括终端（批发）陈列、终端（批发）拓展、批发促销、商超促销、团购、竞品打击等；终端形象包括终端形象包装、经销商车体广告等，费用预算明细到每月应开展活动。

2. 费用使用

王老吉的费用使用很灵活，各大区、办事处、联络站的主管可根据自己市场状况，因地制宜制订方案进行使用，而且必须使用完，与其他公司一样，都按“提案—批复—执行—核销”的流程进行。

3. 策划费用

以前广告投放 4000 万元，现在广告达到 1 亿元。

十二、效果预测

1. 营销效果的预测

通过营销活动迅速提升企业产品的销量，实现企业巨大的利润，形成品牌的新形象，利于拓展自身在全国范围内的市场，最终实现自身的品牌定位。

2. 营销效果的监控

2003 年红色王老吉的销售额比 2002 年同期增长了近 4 倍，由 2002 年的 1 亿多元猛增至 6 亿元，并以迅雷不及掩耳之势迅猛冲出广东。2004 年，尽管企业不断扩大产能，但仍供不应求，订单如雪片般纷至沓来，全年销量突破 10 亿元。同时，百事可乐旗下的企业肯德基，已将王老吉作为中国的特色产品确定为其餐厅现场销售的饮品，这是中国大陆目前唯一进入肯德基连锁的中国品牌。

工作页

表 1-4-1　市场营销策划书思维导图

表 1-4-2　市场营销策划书编写工作计划

序号	工作内容	完成时间	负责人	提交成果要求

说明：可根据策划书框架进行简单工作任务模拟。

任务 1.5　认识“企业网站”

为了了解物流市场营销的相关内容，明达开始在网上搜索物流网站，通过观察这些网站的架构和内容了解对应物流企业的管理及运营情况，同时还特别留意网站上物流企业市场营销的相关信息。

工作内容

1．认真浏览物流公司企业网站，根据工作页表 1-5-1 分析物流公司企业网站的内容框架。

2．根据范例，小组将物流公司网站框架设计的主要内容绘制成思维导图，记录在工作页表 1-5-2 中并解释。

学习材料

材料　物流企业网站

请查找物流企业网站，确定小组感兴趣的物流企业。可输入物流企业名进行查找，例如：

（1）天地华宇物流公司网站，如图 1-5-1 所示。

图 1-5-1　天地华宇物流公司网站

（2）安能物流公司网站，如图 1-5-2 所示。

（3）北京鑫源速达物流公司网站，如图 1-5-3 所示。

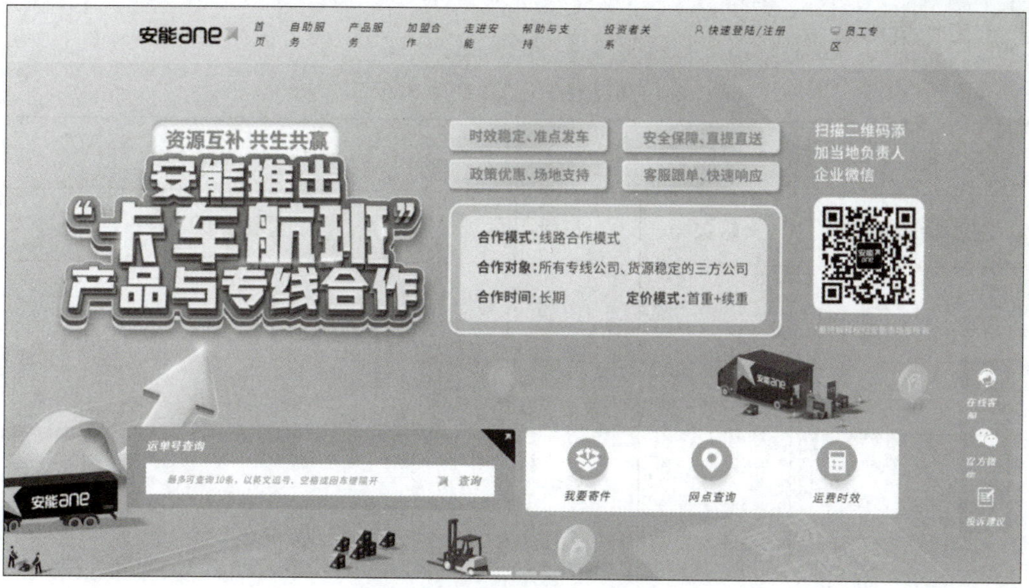

图 1-5-2　安能物流公司网站

图 1-5-3　北京鑫源速达物流公司网站

工作页

表 1-5-1　物流企业网站的内容框架工作单

物流企业：			
主页标题或按钮	一级页面	二级页面	页面主要内容

表 1-5-2 物流公司网站框架设计的主要内容思维导图

任务 1.6 市场营销环境分析

在查阅了物流企业网站后，培训导师告诉学员，企业是生存在一定的环境之中的，企业的运营发展必定要受到环境因素的影响。企业要进行环境分析，善于把握环境中的机会，规避环境中的威胁。听到这里，明达陷入了沉思，外界环境因素究竟有哪些呢？

工作内容

1. 根据阅读的文本材料找出市场营销环境分析的主要内容，查阅相关资料并填写工作页表 1-6-2。

2. 合作学习：根据给出的物流企业背景信息，分析对其进行营销环境分析应包含的主要内容，填写工作页表 1-6-3。

3. 小组陈述：简述物流企业市场营销环境分析的主要内容。

4. 思维扩展：不同环境的分析可以从哪些途径获取资料？

学习材料

材料 “浪漫满屋”家居装潢公司市场环境分析

一、宏观环境

1. 人口环境

人口是市场的第一要素，装潢市场是由有欲望同时又有支付能力的人构成的，人口的多少直接影响市场的潜在容量。人口环境包括以下 3 个方面：

（1）人口总量。丹东是一般人口城市，拥有近 100 万人口。随着社会主义市场经济的迅速发展，人们的收入不断提高，新婚夫妇对装修新房的需求也越来越旺盛，因而，“浪漫满屋”家居装潢公司潜力非常巨大。

（2）年龄结构。大多是适龄的新婚夫妇。

（3）地理分布。秦皇岛是沿海城市，由于环境优美、气候宜人、自然资源丰富、经济收入较好，近些年发展较快。

2. 经济环境

经济环境各因素的影响如下：

（1）收入与支出状况。对于装潢来说，消费者个人收入越高，需求就越大。随着消费者收入的变化，支出模式与消费结构也发生相应变化。恩格尔系数越大，生活水平越低；恩格尔系数越小，生活水平越高。联合国依据恩格尔系数划分的贫困与富裕的标准见表 1-6-1。

表 1-6-1 恩格尔系数与贫富标准

恩格尔系数	59% 以上	50% ～ 59%	40% ～ 50%	30% ～ 40%	30% 以下
贫富标准	绝对贫困	勉强度日	小康水平	富裕	最富裕

根据以上标准，“浪漫满屋”家居装潢公司可以将恩格尔系数小于 50% 的消费者

定为目标客户。

（2）经济发展状况。装潢行业的市场营销活动要受到经济发展状况的影响。经济发展水平的高低直接影响企业市场营销活动。在经济发展水平较高的地区，居民对装修的需求较旺盛；在经济发展水平较低的地区，居民对装修的需求较弱且对价格反应敏感。宏观经济形势的好坏也影响着人们对装修的需求。宏观经济形势好，人们收入增加，就业率提高，对装修的需求量就上升；反之，宏观经济形势不景气，就业率下降，失业率上升，平均收入下降，人们对装修的需求量就下降。

3. 自然环境

自然环境主要指营销者所需要的或受营销活动所影响的自然资源。由于装潢的市场营销活动提供的是修饰服务，所以受自然环境因素影响较小。

4. 政治法律环境

随着我国综合实力的不断增强，旅游、金融、房地产开发等第三产业的发展将直接拉动装饰行业的发展。同时，我国经济结构的调整为装饰行业提供了非常充足的劳动力。我国政府提出的市场化、城市化、国际化理念，更是给装饰行业提供了非常好的机遇和条件。

5. 科学技术环境

科学技术的创新发展以及信息化资源共享的建设将改变以往装饰行业的劳动手段，带动劳动对象的更新与发展，带来施工组织和施工工艺的变革，成为行业发展新的推动力，大大促进装饰行业生产力水平的提高。

影响装饰行业发展进程的因素主要有以下几个方面：

（1）新型建材及其他相关产品不断问世。

（2）科技特别是 IT 科技推动装饰企业的组织管理、组织运营和沟通的无限性，推动了项目工程的流程管理和施工技术的进步。

（3）科技进步还将引发工艺改革和观念创新。

6. 社会文化环境

建筑装饰行业的公共建筑物装饰装修是投资行为，要通过经营收入逐步回收装饰装修的投资；家庭装饰装修则是消费行为，它们都会在扩大和培育内需上发挥积极的作用。

二、微观环境

“浪漫满屋”的微观环境包括市场营销渠道企业、顾客、竞争者和潜在进入者。企业的市场营销活动能否成功，除营销部门本身的因素外，还要受这些因素的直接影响。

1. 市场营销渠道企业

（1）供应商。供应商主要是指装饰材料生产商及经销商。材料供应商在市场竞争中朝两个方向延伸：

1）从单纯的材料销售向送货施工延伸，服务范围扩大，引入了施工的劳动力，材料商和经销商之间的市场竞争加剧。

2）材料商的产品系统集成与配送服务，以期在成本和服务方面占据优势。

（2）材料商讨价还价的能力。

1）装饰材料中的主材、原料及配件不是由少数企业垄断，而是由为数众多的供应商提供。

2）装饰材料有很多替代品可以选择替换，消费者（装饰企业和业主）不会被迫接受供应商的材料价格和其他条件。

3）由于装饰装修的过程基本上是物理变化过程，供应商提供的原材料对装饰项目的生产制作过程和产品质量有着重要影响，尤其是对工程质量和室内空气质量。

2. 顾客

（1）消费者特性分析。

1）个性化意识和要求越来越高。

2）产品升级换代的需求越来越强。

3）对材料的功能性提出更高的要求。

（2）消费者讨价还价的能力。

消费者讨价还价能力很强。

3. 竞争者

装饰企业按照其规模、效益、竞争策略来分，经营上有以下 3 种模式：

（1）管理型企业。

（2）自营型企业。

（3）混合体。

这 3 种类型的企业又形成“天下三分”的战略格局。

（1）已经做大做强的装饰企业。其主要优势在于：

1）业内知名度较高。

2）技术、管理、服务、岗位、激励体系相对健全。

3）有丰富的市场资源。

（2）中小企业做专做精。这类企业的基本特点是：

1）数量庞大。

2）资源有限。

3）市场开拓能力较差，有时还要依附于品牌企业，利用比品牌企业价格低的竞争策略吸引一些对价格敏感、对装饰质量要求不严格的中低端客户。

（3）参差不齐的无资质者和无牌“游击队”。对市场秩序的冲击力大，对家装公司的威胁最大，也最有机会成为家装公司的替代者。

4. 潜在进入者分析

对于潜在进入者来说，装饰业进入和退出成本相当低。装饰业有以下几个特点：

（1）生产资金压力小。

（2）营运资金需求量小。

（3）技术含量低，对于新进入者不存在技术堡垒。

（4）政策法规仍不健全，不存在政策壁垒。

（5）退出成本低。

对于装饰业这个几乎接近“自由竞争”的行业来讲，存在大量的潜在进入者。

工作页

表 1-6-2 市场营销环境分析工作单 1

市场营销环境	具体环境因素	环境分析涉及的主要内容
宏观市场环境		
微观市场环境		

表 1-6-3　物流企业营销环境分析工作单 2

市场营销环境	具体环境因素	物流企业环境分析主要内容	资料获取途径
宏观市场环境			
微观市场环境			

任务 1.7　组织市场购买行为分析

明达接触到的客户有个人，也有企事业单位，面对不同类型的客户，企业在定价、服务方式等方面也是有差异的。明达意识到，对客户进行购买行为分析是十分必要的。

工作内容

1. 形成 4 个专家组，每组分配一份文本材料，小组成员阅读该材料时画出关键词。

2. 小组学习：组内进行交流，对本小组的材料进行总结，制作关键词卡片，完成工作页表 1-7-1。

3. 合作学习：将 4 个专家组的同学重新组成 3 ～ 6 个学习组，每个人向其他人陈述本人所学习的内容。

4. 小组海报绘制：将组织市场购买行为以易于理解的方式用海报的形式记录在工作页表 1-7-2 中并加以解释。

5. 思维拓展：作为物流公司面对的通常是组织客户。请站在客户角度分析，接受本企业服务的决策过程中客户企业的“购买中心”会由哪些部门或岗位人员构成？他们各自会对“是否购买本企业物流服务”这一决策施加哪些影响？客户企业可能的决策过程是怎样的？并完成工作页表 1-7-3。

学习材料

材料 1　组织市场的类型和特点

各种组织不仅向消费者出售产品、提供服务，同时他们还要买进大量的原材料、制造件、工厂与设备、供应品和业务用的服务。这就形成了组织市场。组织间的商品和服务交易是组织市场的血液，其间涉及的过程特别是购买过程对组织降低经营成本和提高经营效率具有重要意义。为此，供应企业必须了解组织为什么及如何购买产品和服务，才能在改进产品和服务的营销方面取得成就，更有效地开展组织营销活动。

组织市场（Organizational Market）是指各类组织为从事生产、销售业务活动，或履行职责而购买产品和服务所构成的市场。其包括企业市场、非营利组织市场和政府市场。

企业市场（Business Market）是指所有购买产品和服务，并将它们用于生产其他产品或服务，以供销售、出租或供给他人，以及用于转卖或租赁，以获取利润的组织和个人。它包括生产者市场（或产业市场）和中间商市场（或转卖者市场）。组成企业市场的主要行业有农业、林业和渔业，矿业，制造业，运输业，通信业，公用事业，银行、金融和保险业，分销业，服务业等。

非营利组织（Non-profit Organization）是不以营利为目的的向社会提供产品和服

务的组织，是与政府机构、市场机制相平行的一种制度安排，是介于政府与企业以外的第三种组织。非营利组织市场（Non-profit Organizational Market）指由为了维持正常运作和履行职能而购买产品和服务的各类非营利组织所构成的市场，其主要是由学校、医院、疗养院、社会团体和其他机构组成。

政府市场（Government Market）是指为了执行政府职能而购买或租用产品和服务的各级政府单位。大多数国家政府是产品和服务的主要购买者。在某些情况下，政府要考虑供应商良好的资质或能否按时完成合同的信誉；另一些情况下，政府通过协议合同进行采购。政府喜欢向国内供应商而不是国外供应商采购。

组织市场和消费者市场虽然相关，却截然不同。因此，搞清楚组织市场的特征有助于区分组织市场和消费者市场，特别是那些与消费者市场特别相似的组织市场。

1. 组织市场的规模和复杂性

通常组织市场的顾客数量较消费者市场的少，并且每个顾客每次交易的规模和价值相对比较大。同时组织市场的购买者往往集中在某些区域，以至于这些区域的业务用品购买量在全国市场中占据相当的比重。例如，中国汽车业的零部件供应商把产品卖给为数不多的几个汽车制造企业，如一汽集团、上汽集团、北汽集团、广汽集团和东风集团等，它们多集中在北京、上海、广州、武汉等地。显然，每个顾客对于供应商而言都是十分重要的，失去任何一个顾客，都将严重影响供应企业的销售额（和就业）。大客户一般是很重要的，要设法与他们建立密切长期的关系，有时要有专门为大顾客服务的营销队伍，进行多次长期的访问，从而赢取并保持持续的订单。

组织市场在总交易量、每笔交易的当事人数、客户经营活动的规模和多样性、生产阶段的数量和持续时间等方面要比消费者市场大得多、复杂得多。此外，组织市场的数量并不受其下游消费者市场数量的限制，因为有些组织不参加任何消费者市场。一些组织对消费者提供服务而不直接收取费用（如慈善机构、教堂、学会等），另外有些组织中则根本看不到消费者这一角色的作用（如军队）。

2. 组织市场需求的特性

组织市场通过一系列的增值阶段为消费者市场提供产品，所以对最终消费的需求是引发组织市场供给的最终力量。组织市场的需求是从组织市场到消费者市场间各增值阶段一系列需求的派生。例如，出版社用纸市场的需求取决于对书籍和杂志的需求。如果对于最终消费品的需求疲软，那么对所有用以生产这些消费品的企业产品的需求也将下降。组织市场的供应商必须密切关注最终消费者的购买类型和影响他们的各种环境因素。

组织市场对产品或服务的总需求量受价格波动影响较小。一般来说，原材料的价值越低或原材料成本在制成品成本中所占的比重越小，其需求弹性就越小。在短期内组织市场的需求特别无弹性，因为任何组织不能随时对其生产方式或运营模式做许多变动。

人们对企业用品和服务的需求要比对消费品及服务的需求更为多变。对消费品需求一定比例的增长会引起更高比例的对生产资料需求的增长。经济学家把这种现象称为加速原理。有时候，消费品需求仅上升 10%，却能在下一阶段引起企业用品需求上升 200%；而消费品需求下降 10%，可能会在企业需求上造成雪崩。

3. 组织市场购买的特性

由于组织市场具有购买者数量较少，而其购买规模较大的特性，与消费者市场相比，通常影响组织购买决策的人较多。大多数组织有专门的采购委员会，其由技术专家、高层管理人员和一些相关人员组成。特别在购买重要商品时，决策往往是由采购委员会成员共同做出的。供应企业不得不雇用一些受过精良训练、有专业知识和较强人际交往能力的销售代表和销售队伍，与经过专业训练、具有丰富专业知识的采购人员打交道。

由于是专业性采购，且交易涉及的金额较大，组织购买者通常直接从生产厂商那里购买产品，而不经过中间商，那些技术复杂和价格昂贵的项目更是如此。同时，由于组织市场购买者在谈判中处于强有力的地位，可以让卖方做出让步，反过来购买自己的产品。有些情况下，购买者要求卖方反过来购买自己的产品以确保订单的安全。

许多组织购买者日益转向大设备租赁，以取代直接购买。承租人能得到一系列好处：获得更多的可用资本，得到出租人最新的产品、上乘的服务以及一些税收利益。出租人则最终将得到较多的净收益，并有机会将产品出售给那些无力支付全部货款的顾客。

组织购买应以购买的有效性为目标。显然，购买的有效性会对公司的成本结构、生产效率、产品或服务的质量、设计的弹性、根据市场需要供应产品的能力、成本管理等方面产生重大影响。但当组织可以凭借成本结构、可靠质量、纵向合并、设计中的灵活性等获得并维持竞争优势时，有效的购买将对整个公司的竞争策略产生重要影响。有效的组织营销应以提供这样一种服务为目标，这种服务能够提高客户购买的有效性，并提高组织客户的竞争力。

各类组织购买的目标会因其所要购买的产品和服务的种类、组织面临的成本上升的可能性、管理者把购买摆在什么样的位置，以及购买管理的专业化程度不同而不一样。例如，一些如咨询公司等服务性组织，其大部分购买都是常规、不重要的购买，只是偶尔有些大规模的购买如电脑设备、办公场所等需要特别注意。另一个极端是制造业企业，其迫于竞争压力，对购买的方方面面都很注意，强调购买的专业化水平。

材料 2 组织的购买中心

组织购买者在进行一项采购时面临一整套决策。根据影响这一整套决策的主要因素（购买重要性、客户需求和供应商供应等）的变化，可将购买类型分为直接再采购、修正再采购、新任务采购。

在直接再采购时，采购代理人起的作用较大；在新任务采购时，其他组织人员所起的作用较大。在做产品选择决策时，工程技术人员影响最大，而采购代理人却控制着供应商的决策权。将组织中参与购买决策过程的个人和集体称为组织的购买中心（Buying Center），又称采购中心。

购买中心包括组织中的全体成员，他们具有某种共同目标，并一起承担由决策引发的各种风险。他们在购买决策过程中分别扮演着 6 种不同角色。根据每次购买的具体情况，购买中心的每个角色会由不同的个人、部门和不同层次的高级管理人员担当。在购买过程中，并非所有的角色都参与。一些次要的购买中包括的角色会相对少些，至少从形式上来说是这样的。

1. 倡议者

倡议者又称发起者，是指确认购买需求的人。他们可能是组织内的使用者或其他人。倡议者确认需求的方式（如抗议、要求、成本节约建议、解决问题、投资机会等）能影响确定过程的很多方面和具体的要求。

2. 使用者

使用者是指组织中实际使用（或拒绝使用）产品或服务的成员，如生产工人、维修工程师、秘书等。他们可以在购买过程中扮演其他角色（如倡议者、影响者），他们在决定购买是否可行方面有重要作用。在许多场合中，使用者首先提出购买建议，并协助确定产品规格。

3. 影响者

影响者是指影响决策的人。他们通过提供用于指导对供应商进行评估的信息或者指定采购规格，从而影响采购决策。影响者通常是技术人员，如工程师、质量控制专家和研发人员。他们通常协助确定产品规格等购买要求参数，并为评估方案提供信息。作为影响者，技术人员尤为重要。有时采购的组织会从外面雇用顾问，这些人也会影响采购决定。

4. 决定者

决定者是指最终对产品和服务做出选择的人。他们要做出的决定包括标准、条件、供应商等。决定者可以是高级、中间甚至是初级的管理人员，这取决于他们的职权范围。对于销售人员来说，最难确定的就是决定者的身份。比如，公司的采购人员在名义上也许有权采购，但实际上采购决定却可能由公司的首席执行官做出。

5. 购买者

购买者是管理与供应商之间的关系，进行常规谈判的人，如购买代理人、购买官员、质量管理人员等。购买者可以帮助制定产品规格，还可以对关系问题提出建议，如供应商的可靠性、声誉、清偿能力、竞争能力。在复杂的购买过程中，购买者中或许也包括高层管理人员。

6. 控制者

控制者是指有权阻止销售员或信息与采购中心成员接触的人。例如，不让销售代表与经理通话或见面的电话接线员和接待员，拒绝合作的仲裁人员和检查人员，规避文书工作的行政人员，坚持“预定程序”的守旧的管理人员。

材料 3 影响组织购买决策的因素

组织采购人员在做出购买决策时受到许多因素的影响。在供应商的供应物十分相似的情况下，由于组织采购人员能与任何供应商一起来满足本组织的各项采购需求，采购者的理性选择几乎就没有基础，可以按个人因素行事。另一方面，当竞争性产品差异很大时，组织采购者对其选择就会负有更多的责任，并会更重视经济因素。对组织采购人员产生影响的有以下 4 个因素：环境因素、组织因素、人际因素和个人因素。供应商应了解和运用这些因素，引导买方购买行为，促成交易。

1. 环境因素

环境因素指组织无法控制的环境因素，包括经济发展状况，政治、法律制度，市场需求水平，技术发展，竞争态势等。

组织购买者必须密切关注经济发展状况，同时预测经济环境变化，包括经济状况、生产水平、投资、消费开支和利率等，从而使组织在不同的经济发展状况下能合理地安排投资结构，以及进行有效的存货管理。在经济衰退时期，生产企业会减少厂方或设备的投资，并减少存货。同时，供应企业的营销人员对刺激总需求量是无能为力的，他们只能在增加或维持其需求份额上进行艰苦的努力。

组织购买者也要注重技术发展，政治、法律制度，以及竞争态势的影响。例如，新闻界中的许多组织开始偏好用再生纸张以及通过了环境测试的墨水，并向提供这些产品的供应商购买。在竞争激烈的行业中，组织更注重提升自身的相对竞争优势，同时不断地保持、改善与供应商的合作关系，使其与供应商讨价还价的能力更优于竞争对手。

2. 组织因素

组织因素是指与购买者自身有关的因素，包括采购组织的经营目标、战略、政策、程序、组织结构和制度等。供应商的营销人员必须尽量了解这些问题：采购组织的经营目标和战略是什么；采购组织需要采购什么；采购组织的采购方式和程序是什么；有哪些人参与采购或对采购产生影响，他们评价采购的标准是什么；该组织对采购人员有哪些政策和限制等。

各组织经营目标和战略的差异，使其对采购产品的款式、功效、质量和价格等因素的重视程度、衡量标准不同，从而导致他们的采购方案呈现差异化。组织采购包括集中采购、分散采购、是否利用互联网采购等方式，供应商销售的模式应随之而变，销售人员队伍的组成结构也必须与之相对应。例如，采购组织若集中采购，供应商则必然会与人数较少但素质较高的采购人员打交道，这就意味着其可能要用大客户销售队伍的销售模式。如果采购组织升格其采购部门，则意味着供应商必须相对应地升格其销售人员，以便与买方的采购人员相称。若采购组织建立了有效的采购激励制度，奖励那些工作突出的采购人员，将导致采购人员为争取最佳交易条件而给供应商增加压力。

3. 人际因素

人际因素是指购买中心的各种角色间的不同利益、职权、地位、态度和相互关系。这些因素间关系的变化，会对组织购买决策产生影响。供应商的营销人员应尽量了解购买中心的每个人在购买决策过程中所扮演的角色，以及他们的相互关系，充分地利用这些因素促成与采购组织的合作。

4. 个人因素

个人因素是指购买决策中每个参与者都有个人动机、直觉和偏好。受年龄、收入、教育、专业、个性、偏好、风险意识等因素的影响，采购中心的相关人员明显表现出不同的购买类型。有些是“简练型”购买者，有些是“外向型”购买者，有些是“完美型”购买者，有些是“理智型”购买者，有些是“强硬型”购买者。

材料 4 组织购买决策过程

和许多营销活动一样，购买过程可分成一系列连续的相互关联的阶段。1967 年罗宾逊、费雷斯、温德通过观察研究提出了购买格子模型，将购买种类与 8 个购买阶段联系起来。

1. 问题识别

当组织中有人认识到某个问题或某种需要可以通过某一产品或服务就能解决时，便开始了采购过程。问题识别是由内在或外在的刺激因素所引起的。内在因素包括下列一些最常见的情况：组织决定推出某种新产品或新服务，因而需要新设备和各种原材料；各种设备需要更换零部件；采购的产品或服务不尽如人意，组织转而寻找另一家供应商。另外，采购人员通过参加展销会、浏览广告或接到某一能提供价廉物美产品或服务的销售代表的电话，便产生了一些新的购买想法。供应商的营销人员可以利用直接发信、电信营销、访问有希望的购买者等手段来激发组织对问题的认识。

2. 确定所需

确定所需指确定组织所需项目的总特征和数量。对于标准项目来说，这是简单的。而复杂项目必须由采购者会同其他部门人员（使用者、技术人员、高层管理人员等）共同决定所需项目的可靠性、耐用性、价格等总体特征。供应商营销人员应向买方介绍产品特性，协助买方确定需要。

3. 描述所需

描述所需指采购组织应用产品价值分析法制定详细的项目技术规格说明书。一般来说，组织委托产品价值分析工程组投入这个项目。产品价值分析（Product Value Analysis，PVA）是一种降低成本的方法，通过价值分析，对各部件仔细加以研究，以便确定能否对它进行重新设计或实行标准化，并运用更便宜的生产方法来生产产品。产品价值分析小组将对某一产品的高成本部件加以核查，并找出那些比产品本身寿命还要长的超标准设计的产品部件。该小组确定最佳产品的特征，并有根据地加以说明。文字简洁的说明书将作为采购人员的采购依据。同样，供应商也可将价值分析作为一种工具，用来赢得新客户。

4. 寻找供货渠道

寻找供货渠道是指采购人员根据产品技术说明书的要求寻找最佳供应商，即要求按照报价单、对照标准、试验研究、试用、参观供应商的经营场所和咨询场所、咨询、能力和流动性评估将合适的供应商列出一张简表。购买者可以通过检查交易目录、联系其他组织以寻求建议、观看交易广告、参加贸易展览会，以及利用互联网等方法收集供应商的信息。

5. 征求并分析供应商的建议

这是指邀请合格的供应商提交供应建议书。对复杂或花费大的项目，购买者会要求每一潜在供应商提供详细的书面建议书，经过分析淘汰，请余下的供应商提出正式的供应说明书。因此，供应商的营销人员必须精于调查研究、用文字表达和口头陈述来提出建议；其建议必须是营销文件，而非仅仅是技术文件；在建议书中应强调本企业的相对竞争优势，以便在竞争中脱颖而出。

6. 选择供应商

选择供应商是指采购中心将有意愿的供应商的某些属性定为评估指标，并规定它们的相关重要性，而后针对这些属性对供应商加以评分，找出最具吸引力的供应商。一般来说，采购组织会同时保持几条供货渠道，以免受制于人，并促使供应商展开竞争。供应商的营销人员必须努力了解购买者的评估体系中的各种评估指标及其权重。同时，采购组织在作出决定前，还可能与优先考虑的供应商进行谈判，以争取更好的交易条件和价格。供应商的营销人员应制定策略以应对买方压价和提出过高要求。

7. 选择订货方式

在供应商选定后，采购方开始讨论最后的订单，内容包括产品技术说明书、需求量、预期交货时间、退货政策、担保单等。许多组织采购越来越多地转向毛毯合同，而非定期购买订单。所谓毛毯合同（Blanket Contract）是指采购方与供应商建立一种长期关系，在这种关系下，供应商答应在特定的时间内根据需要按照协议的价格向采购方继续供应产品或服务。由于存货是由卖方保存，因此毛毯合同又称为无存货采购计划（Stockless Purchase Plan）。当需要供应品时，买方的计算机就会自动传一份订单给供应商。供应商愿意接受这种订货方式，因为这样可以与采购方保持长期紧密的关系，其他的竞争者欲涉足其间是十分困难的。

8. 反馈意见并评估

在完成上述工作后，采购者要对各个供应商的绩效进行评价，以决定是维持、修正或终止与其的供货关系。购买方可以接触最终用户并询问其评估意见，或用几种标准对供应商进行加权评估，或把绩效差的成本汇总以修正包括价格在内的采购成本。这种绩效评价将会导致采购者继续、修正或停止向该供应商采购。

工作页

表 1-7-1 关键词卡片

文本材料：1	专家组号：	文本材料：2	专家组号：
文本材料：3	专家组号：	文本材料：4	专家组号：

表 1-7-2　组织市场购买行为海报

表 1-7-3　物流企业客户购买行为分析单

问题	分析
1．接受物流企业服务的决策过程中客户企业的“购买中心”会由哪些部门或岗位人员构成？	
2．他们各自会对“是否购买本企业的物流服务”这一决策施加哪些影响？	
3．客户企业可能的决策过程是怎样的？	

任务 1.8　物流企业 STP 分析

“任何一个企业，无论规模有多大都无法满足整个市场的需要。企业如果决定进入市场，那么就存在进入什么市场的问题。因此，准确地选择目标市场，有针对性地满足某一消费层次的特定需要，是企业成功进入市场的关键。”

培训导师讲到这里，在黑板上写下“STP”三个字母。

“我们今天就来了解一下物流企业的 STP 分析。S、T、P 三个字母分别是 Segmenting、Targeting、Positioning 三个英文单词的缩写，即市场细分、目标市场和市场定位。”

明达接过导师下发的学习材料，认真地看了起来。

工作内容

1．阅读文本材料，概括总结 STP 战略分析的主要内容，制作关键词卡片，填入工作页表 1-8-1 中。

2．小组海报绘制：将 STP 战略分析以易于理解的方式用海报的形式记录在工作页表 1-8-2 中并加以解释。

3．思维拓展：依据给定的物流企业的背景，考虑公司基本情况，设定本公司的 STP 战略基本框架，完成工作页表 1-8-3。

学习材料

材料　申通快递 STP 战略分析

一、市场细分

快递市场细分的标准有以下 5 个：

（1）地理因素。快递行业的经营业务和物流行业一样，都是在一定的时期内，在不同的空间范围内运输客户的物品。这就必然涉及地理因素。不同地理区域的经济发展状况、地理环境、交通运输条件等存在很大的差异，而这些差异往往影响到快递企业的物流速度、运送成本、运送方式。而不同地理位置的客户对于快递需求和服务要求是有差别的。企业要识别这些差异，制定出有针对性的营销战略。

（2）人口因素。对于快递行业来说，人口因素主要包括年龄、收入、社会阶层等。不同年龄阶段的人对于快递服务的需求程度是显著不同的。近年来由于电子商务的飞速发展，越来越多的年轻一族习惯于网上购物，而快递服务成为网购商品的一部分，即“期望产品”。可以看出，不同年龄结构的客户对快递的需求程度是不同的。而不同的收入水平和社会阶层的客户对于快递的服务质量要求也有差别。高收入群体和处于社会上层的人群，对于服务质量的重视往往大于服务价格，反之则更加重视服务的价格。

（3）客户因素。除了服务于单个分散的顾客外，快递业往往也少不了经营企业类客户的订单服务。企业类可以按产业结构分为农业、工业、服务业等，或者按产业价值链分为供应商客户、制造商客户、中间商客户以及非营利组织政府等职能部门。这些是快递企业的大客户，它们的经营方式、渠道、企业规模、议价能力等决定了对快递服务的要求、重视程度及需求量。这些情况影响企业的市场营销策略。

（4）物品因素。快递服务的载体是具体的物品，物品属性不同，快递运输的方式、路径、速度等也不同。企业可以通过市场调研分析快递运送流通的商品的种类、属性，以及各自所占的比重。因为商品属性不同，顾客对快递的要求自然也不同。企业要根据消费者不同的需求特点制定相应的服务规划。

（5）行为因素。按照顾客对产品的使用频率、偏好等变量的不同来细分市场。在特定地区，通过市场调研分析，了解快递服务的大量使用者、少量使用者、品牌忠诚者、非品牌忠诚者的分布情况和总量大小。

二、市场选择

1. 评价细分市场

（1）细分市场规模和增长率。研究各个细分市场的销售量以及利润增长率。近年来，由于电子商务的快速发展，网上交易发展迅速，由此衍生出对于快递行业的发展需求。线上交易带给申通公司很大的利润空间，网民购物带来业务量大增。2010 年申通业务量达 6 亿多票，营业额达 80 亿元，业务量高的时候每天达 300 万个包裹数。申通也依靠淘宝等电子商务平台获得巨大的订单收益，2009 年上半年仅半年时间，申通的业务量就增长 50%。目前，申通业务量的五六成来自淘宝。因此对于申通来说，巨大的网商市场规模和业务增长率是一块“肥肉”。

（2）细分市场的结构吸引力。行业竞争者：中国改革开放至今，物流行业企业如雨后春笋般成长起来，到目前为止，大大小小的快递企业已逾 5000 家。申通是民营最先成立并发展起来的快递企业之一，目前市场上形成的竞争格局是“四通一达”、顺丰、宅急送等民营企业，而国营“巨无霸”依然是邮政，此外还有 FedEx、UPS、DHL 等实力雄厚的跨国物流大企业。

潜在竞争者：由于经济发展、市场环境变化，目前申通的业务主要是通过电子商务平台与网商合作，取得业务订单，获取利润。虽然高速发展的电子商务给企业带来了很大的机会和利润空间，但是快递行业的发展却跟不上电子商务的步伐，显得力不从心。这就导致形成了一种趋势，一些实力比较强、资源充足的网商，如一号店，开始自己搞物流配送，意图使企业价值链各个环节衔接紧密，提高顾客购买体验。不过由于这种发展战略必定要分散企业的资源力量，而且不一定会带来更大的收益，导致并没有几家网商跟随效仿。但不得不说，对于快递行业来说，这也是一个威胁。

顾客和合作者：他们对企业的影响体现在议价能力上。由于中国的民营快递行业还处在发展的初期，与早期进入中国市场、现在发展壮大的实力雄厚的跨国快递企业相比，中国快递业进入门槛低、业务技术要求不高，导致在快递市场上常常是通过打价格战来获得更多的订单。在这样的情况下，往往是“鹬蚌相争，渔翁得利”。但是为了维持企业最基本的利润，往往价格战也有一个限制。申通作为民营快递企业的“领头羊”之一，针对于价格要求还是有一定的主动权的。

（3）企业的目标和资源。申通立足于传统快递业务，全面进入电子商务物流领域，以专业的服务和严格的质量管理发展成最具影响力的民营快递企业之一。随着申通快递的网络广度和深度的进一步加强，基本覆盖到全国地市级以上城市和发达地区地市县级以上城市，尤其是在江浙沪地区，基本实现了派送无盲区。申通在国内包括港澳台地区建立了庞大的信息采集、市场开发、物流配送、快件收派等业务机构，建立了服务客户的全国性网络，同时也成为国内最重要的电子商务供应物流商。公司共有独立的网点及分公司 830 家，服务网点及门店 5000 余家，已成为国内快递网络最完整、规模最大的民营快递体系。

2. 选择目标市场

申通目前选择的是市场全面化覆盖模式，想要把蛋糕做大，使企业获得更大的利益。申通目前已经成为民营快递市场的领军者之一，有条件和资源实行全面市场化，并不断增强企业的实力。随着网络技术和电子商务的发展，中国快递市场业务量逐年增长，市场需求总量不断增大，这是一个非常好的机遇，但是市场竞争也会不断加剧。申通依靠全面市场化可以分散企业经营风险，减少竞争损失。这种目标市场战略模式基本上对于申通来说是其发展的必然结果，并且在企业的未来，还会继续坚持这种战略，从而不断发展壮大企业。

3. 目标市场战略

申通目前采用的基本上是无差异的市场战略，这跟当前市场整个行业状况是密切相关的。由于当前整个快递行业还处于发展的初期，企业的首要目标就是集中力量把自己做大，在市场上占据尽可能多的市场份额，使自己有一个强大的市场基础。在未来，申通要把自己“做大做强”，成为一个真正实力雄厚的大企业。如何做强呢？那就是着眼于顾客需求多样化，采取差异性市场营销战略，针对不同的顾客需求提供相应的服务，真正做到高质量、高服务，培养更多的忠实顾客群。

三、市场定位

1. 产品差别化战略

申通拥有自己独特的统一的品牌标识，代表着对顾客绝对的负责心和承诺。申通和其他大多数快递企业不同，其采取的不是直营而是加盟的方式逐步扩展企业，这样容易导致企业管理不到位，各个加盟商各自为政，展开恶性竞争，从而给企业的品牌形象抹黑，这对于申通来说是很危险的。这一点要改革，重新定位。

2. 服务差别化战略

调查显示，快递行业是所有行业中投诉率最高的，往往因为其服务质量、物流速度、责任赔偿等做不到让顾客满意而带来不好的评价。由于快递行业处在发展初期，各个企业忙于如何做大，而忽视了质量的发展，受到顾客的投诉时有发生，申通也不例外，特别是因为其加盟式的发展战略。作为一个和人们生活息息相关，并且在未来越来越重要的服务行业来说，快递企业最终制胜的法宝不是规模，而是服务质量。申通下一步要提高顾客服务水平，从而保持客户牢固关系，击败竞争对手。

3. 人员差别化战略

提高服务质量，很大程度依赖于业务人员的工作质量，因此要通过聘用和培训比竞争对手更加优秀的人员来获取差别化优势。

工作页

表 1-8-1　STP 战略分析关键词卡片

表 1-8-2　STP 战略分析海报绘制

表 1-8-3 物流公司 STP 战略框架制订

细分市场及目标客户	目标市场策略	市场定位

项目评价表

考核项目	评分标准	总分值	得分值
知识掌握	1．掌握推销和营销的关系 2．掌握市场营销的核心概念	30	
能力提升	1．能够进行简单的市场营销策划 2．能够进行市场营销环境分析 3．能够进行物流企业 STP 分析	45	
职业素养	1．良好的团队合作 2．沟通表达能力 3．创新精神 4．客户服务意识	25	
签字：	总分	100	
评语： 优势： 不足： 其他：			

项目 2　物流市场调研

知识目标

➢ 掌握调查问卷的撰写原则、步骤、内容、类型和技巧等。
➢ 掌握调研计划的制订。
➢ 了解企业调研数据的整理方法。
➢ 了解企业调研结果分析方法。

能力目标

➢ 能够设计简单的调查问卷。
➢ 能够制订简单的调研计划。

素质目标

➢ 具有良好的团队合作、文字表达能力。
➢ 具有安全守法、诚信经营、责任担当、服务客户的职业素养。
➢ 具有探索新知、勇于奉献的劳模精神。

项目情境

京贸达物流有限公司成立于 2009 年，是一家集仓储、运输、包装、配送、信息咨询于一体的第三方物流服务性企业，拥有超过 3000 平方米的标准大型仓库和近 5000 平方米的货场为长期客户仓储，主要从事信息咨询、仓储、运输、配送、流通加工等业务。公司坚持“用真诚赢得信誉，用信用保证效益”的企业经营理念，提倡“诚信、敬业、团结、创新”的企业文化，努力为客户提供最优质的产品和最专业的服务，受到客户的青睐。

为了更加适应公司战略的发展，2016 年京贸达物流有限公司全面转型升级，一方面计划进军冷链物流，在北京市通州区增建 500 平方米的冷藏库及 300 平方米的冷冻库；另一方面拓展个性化的物流增值服务，为客户不仅提供仓储、配送、运输、流通加工等基础服务，还能提供贴心的个性化物流信息咨询服务，增加了仓储 + 配送、仓储 + 运输、仓储 + 流通加工等组合服务。

凭借着雄厚的资金实力、先进的设施设备、专业的技术和人才优势，京贸达物流有限公司成为冷链储配物流的朝阳企业。在经营战略上，公司计划拓展更多满足客户需求、符合城市发展的经营业务。

下面是企业曾经的调研资料。

1. 调查问题与调研目的

随着经济的快速发展，人民生活水平不断提高，人们对物质文化的追求已然上升了不止一个层次。目前，内陆地区的人们能在超市买到鲜活的海鲜，在北京的人们可以喝上最为新鲜的内蒙古鲜奶……这些新鲜食材的高效快捷运输都要归功于冷链物流。为了解北京冷链物流市场发展的现状和存在的问题，且为公司进入冷藏仓储市场做准备，京贸达公司于2016年5—6月对北京冷藏仓储市场进行了调研。

2. 调查时间和调查地点

调查时间：2016年5—6月。

调查地点：北京市相关企业。

3. 调查的步骤和进度安排

调查的步骤：

（1）准备阶段：首先按照调查的要求制订调查计划，然后进行试验调查。

（2）调查阶段：一边收集整理第二手资料，一边开展第一手资料的调查收集工作。在调查工作中，如发现计划不周，应及时加以修正或补充。

（3）资料处理阶段：一是整理分析研究资料，二是提出调查报告。

进度安排：

（1）5月25日前，完成调查问卷和调查提纲初稿。

（2）5月30日前，修改定稿，确定调查的对象。

（3）6月1日，在各大网站发放调查问卷。

（4）6月12日，回收调查问卷。

（5）6月13—20日，进行数据统计与分析。

（6）6月25日前，完成报告初稿。

（7）6月29日前，修改定稿。

4. 调查对象

北京市50家涉及冷链的企业。

5. 调查方法

公司主要采用问卷调查。

为了开展针对冷链企业的调研，需要查阅相关企业背景信息，并标记最重要的信息，思考如何制订该企业调研计划表。

任务2.1 初识“调查问卷”

某物流有限公司市场部计划开展针对冷链企业的调研，需要编制调查问卷，明达作为市场部的一名职员，参与到调查问卷的设计工作中。如何设计调查问卷？需要遵守哪些原则？问卷问题的设计有哪些技巧？

工作内容

1. 分组阅读材料1，画出关键词句，完成工作页表2-1-1，并尝试用自己的语言解释“主题明确”。小组学习。

2. 分组阅读材料2，画出关键词句，完成工作页表2-1-1，并尝试用自己的语言解释“步骤的逻辑关系”。小组学习。

3．分组阅读材料 3，画出关键词句，完成工作页表 2-1-1，尝试自命主题，并给小组成员口述一个前言；记录并展示小组成员发言内容。小组学习。

4．分组阅读材料 4，画出关键词句，完成工作页表 2-1-1，尝试用自己的想法写出一个封面应包括的内容。小组学习。

5．分组阅读材料 5，画出关键词句，完成工作页表 2-1-1，熟悉不同的提问方式。小组学习。

6．阅读材料 5 与工作页表 2-1-2 的附件 1，向小组成员说明什么是封闭式问题、什么是开放式问题，并举例填写工作页表 2-1-2。

学习材料

材料 1　调查问卷设计原则

设计调查问卷的原则如下：

（1）主题明确。根据调查目的确定主题，问题目的明确、重点突出。

（2）结构合理。问题的排序应有一定的逻辑顺序，符合被调查者的思维程序。

（3）通俗易懂。调查问卷要使被调查者一目了然，避免歧义，愿意如实回答。调查问卷中语言要平实，语气诚恳，避免使用专业术语。对于敏感问题应采取一定技巧，使问卷具有较强的可答性和合理性。

（4）长度适宜。问卷中所提出的问题不宜过多、过细、过繁，言简意赅。回答问卷时间不应太长，一份问卷回答的时间一般不超过 30 分钟。

（5）适于统计。设计时要考虑问卷回收后的数据汇总处理，便于进行数据统计处理。

材料 2　设计调查问卷的步骤

设计调查问卷要求有清晰的思路、丰富的经验、一定的设计技巧和极大的耐心。设计调查问卷的过程应当遵循一个符合逻辑的顺序。

基本步骤如下：

（1）深刻理解调研计划的主题。

（2）决定调查表的具体内容和所需要的资料。

（3）逐一列出各种资料的来源。

（4）写出问题。要注意，一个问题只能包含一项内容。

（5）决定提问的方式：哪些用多项选择法、哪些用自由回答法、哪些需要进行解释和说明。

（6）将自己放在被调查者的位置考察这些问题能否得到确切的资料、哪些能使被调查者方便地回答、哪些难以回答。

（7）按照逻辑思维排列提问次序。

（8）每个问题都要考虑怎样对调查结果进行恰当的分类。

（9）审查提出的各个问题，消除含糊不清、倾向性语言和其他疑点。

（10）以少数人应答为实例对问卷进行小规模的测试。

（11）审查测试结果，对不足之处予以改进。

（12）打印调查问卷（目前借助电子手段填写的调查问卷也是一个重要方向）。

材料 3　调查问卷的组成

一般地，一个正式的调查问卷由以下三部分组成：

（1）前言。前言主要说明调查主题、调查目的、调查意义，以及向被调查者致意等。最好强调该项调查与被调查者的利害关系，以取得被调查者的信任和支持。

（2）正文。它是问卷的主体部分。依照调查主题设计若干问题要求被调查者回答。这是问卷的核心部分，一般要在有经验的专家指导下完成设计。

（3）附录。附录部分可把有关调查者的个人档案列入，也可以对某些问题进行附带说明，还可以再次向被调查者致意。附录可随各调查主题不同而增加内容。

调查问卷结构要合理，正文应占整个问卷的三分之二到五分之四，前言和附录只占很少部分。

材料 4　调查问卷的外观

问卷的外观也是调查问卷设计中不可忽视的一个重要因素。外观影响到被调查者是否愿意、能否顺畅容易地答题，诸如问卷所用的纸张品种和颜色、问卷的编排、字体样式等都会影响到被调查者回答问卷的质量。因此，调查问卷外观的设计应注意以下几点：

（1）小张纸比大张纸好。四小张比两大张使应答人感到有压力的可能性小。

（2）外观庄重。正式的问卷可使应答者感觉到这是一份有价值的问卷。

（3）问卷应当只印在纸张的一面，而且必须为答案留出足够的空白，关键词应当画线或用醒目字体。

（4）问卷的每一页应当印有供识别用的顺序号，以免在整理时各页分散。

材料 5　问卷的提问方法与技巧

一份调查问卷要想成功取得目标资料，除了做好前期大量的准备工作外，在具体操作设计问题时，一般有两种提问方式：封闭式提问和开放式提问。问题也相应分为封闭式问题和开放式问题。提问方式从一定程度上决定了调查问卷质量的好坏。

（1）封闭式问题。封闭式问题指被调查者在包括所有可能的回答中选择某些答案。这种提问法便于统计，但答案伸缩性较小，较常用于描述性、因果性调研。

（2）开放式问题。开放式问题允许被调查者用自己的话来回答问题。这种方式提问由于被调查者不受限制，因此可揭露许多新的信息，供调查方参考。开放式问题宜运用于探测性调研阶段，有助于了解人们的想法与需求。一般来说，开放式问题因其不易统计和分析，所以在一份调查问卷中只能占小部分，一般以不超过两个为宜。对于开放式问题的选择要谨慎，所提的问题要进行预试后再广泛采用。

工作页

表 2-1-1 关键词卡片

组号：

文本材料：1		文本材料：2	
文本材料：3		文本材料：4	
文本材料：5			

表 2-1-2　封闭式问题与开放式问题工作单

封闭式问题：所有问题有可供选择的答案			
类型	说明	样例	举例
是否式	一个问题有两个相互矛盾的答案供选择	您是否拥有私人小汽车？ □是　□否	
多项选择题	一个问题有两个或两个以上的答案供选择	您每天看电视的时间有多长？ □ 1 小时以内　□ 1 ～ 2 小时 □ 2 ～ 3 小时　□ 3 小时以上	
李克特量表	被调查者可在同意或不同意的程度上进行选择	中国移动的价格应该进一步降低。 □坚决同意　□同意 □不同意也不反对　□不同意 □坚决不同意	
语意差别	在两个语意相反的词之间列上一些标度，由被调查者选择代表自己意愿方向和程度的某一点	中国银行的服务： 热情，____，____，____，____，____，冷漠 全面，____，____，____，____，____，单一	
重要性量表	对某一判断从绝对不重要到绝对重要进行重要性分级	手机的款式对我来说： □绝对重要　□重要　□无所谓 □不重要　□绝对不重要	
排序量表	对某些属性的选择进行排序	购买计算机时我考虑的主要因素是（①表示最重要，②次之，以此类推）： □品牌　□价格　□性能 □售后服务	
开放式问题：所提问题没有可供选择的答案			
类型	说明	样例	举例
完全自由问答	被调查者不受限制地回答问题	您对本公司的产品有何意见与建议？	
词汇联想法	列出一些词汇，由被调查者说出他头脑中出现的第一个词	当您听到下面的词汇时，您脑海中出现的第一个词是什么：海尔；联想。	
语句完成法	提出一些不完整的语句，由被调查者来完成该语句	当我决定外出游玩时，最重要的考虑是……	
故事完成法	提出一个未完成的故事，由被调查者来完成	假期我游览了杭州西湖，发现西湖更有人情味了，我想这大概是……	
看图说话	给出一幅图画，由被调查者说出其中的含义或写出图中的对话		

任务 2.2 深入了解“调查问卷”

为了深入了解“调查问卷”，明达找来了 3 个样例，有面向个人的、面向单位的，还有面向学校的。明达和同事认真地研究了这几份问卷，希望能从中有所发现或受到启发。

工作内容

1．阅读材料中的调研问卷样例。

2．以小组为单位总结本任务问卷中不可或缺的项目有哪些，在问卷中画出。

3．以小组为单位总结本任务问卷中存在的不足有哪些，在问卷中画出。

4．以小组为单位用卡片法记录总结案例问卷的优劣，完成工作表 2-2-1，并面向全班展示。

学习材料

材料 调查问卷样例

下面是一个调查问卷样例，具体面向个人的调研表如图 2-2-1 所示，面向单位的调研表如图 2-2-2 所示，面向学校的调研表如图 2-2-3 所示。

①艺术类专业往届毕业生调查问卷 编号：

亲爱的同学：为了培养出更适合社会需要的艺术类人才，希望你能根据自己的工作经历提供以下信息，帮助学院更好的发展。谢谢！

姓名：__________ 专业：__________ 年级：__________

现在工作单位：____________________ 岗位：__________

毕业时第一个工作单位：__________ 岗位：__________ 换过几个单位：__________

目前担任职务：__________ 目前月工资收入：__________

① 1000 以下 ② 1000 ～ 2000 ③ 2000 ～ 3000 ④ 3000 ～ 4000 ⑤ 4000 ～ 5000 ⑥ 5000 以上

在下面的陈述符合你情况的选项上画○。

序号	内容	很不符合	不太符合	一般	比较符合	非常符合
B01	我对目前工作总体上很满意	1	2	3	4	5
B02	我对目前的工资收入很满意	1	2	3	4	5
B03	我对目前的工作岗位很满意	1	2	3	4	5
B04	我对目前的职务很满意	1	2	3	4	5
B05	我在公司有充分自由发挥的空间	1	2	3	4	5
B06	我对末来的职业发展空间很满意	1	2	3	4	5
B07	我对公司的设备都能熟练操作	1	2	3	4	5
B08	我对公司常用的软件都能熟练操作	1	2	3	4	5
B09	我认为工作以后继续学习非常重要	1	2	3	4	5
B10	我迫切需要提高学历	1	2	3	4	5
B11	在学校学习的课程适应工作的需要	1	2	3	4	5
B12	在学校实训室的实践对工作很有帮助	1	2	3	4	5
B13	在校期间的校外实践对工作很有帮助	1	2	3	4	5

C01 工作以来你感觉最有用的课程：____________________

C02 学校没教，但工作中最需要的知识：____________________

C03 你对学校发展还有哪些建议？______________________________

谢谢你的帮助！

图 2-2-1 面向个人的调研表

《高职文化创意产业人才培养实践教学体系建设与管理研究》课程

企业访谈记录

访谈参加人员：________________________________

记录人：________

时间：________________

企业访谈提纲

一、基本情况

1. 公司名称：

2. 公司类型：

3. 公司所属行业：

工业设计（ ）　影视传媒（ ）　出版（ ）　广告（ ）　计算机软件（ ）

动漫游戏（ ）　美术设计（ ）　艺术表演（ ）　音乐（ ）　艺术品古董（ ）

会展（ ）　旅游（ ）　咨询（ ）

4. 所在地点：

5. 主要业务范围：广告公司（ ）　公关公司（ ）　设计公司（ ）　会展公司（ ）

6. 公司内部管理情况：部门设置 岗位设置 人员结构（人数 年龄 学历 性别）

二、工作技术环境

7. 常用软件的使用：平面设计类：

3D 设计类：

其他软件类：

8. 专用设备情况：拥有情况（自备、租用、外包），都有哪些设备？

9. 是否愿意和学校共同开设课程（合作项目、使用设备、派兼职教师）

三、对员工的要求

10. 近几年招聘的新员工的适用情况：工作能力（软硬件的操作）、创意能力、沟通能力

11. 不适用的员工主要来源？（学历、学校类型、地区等）

12. 如果不适用，采用什么手段解决（培训、解聘等）

13. 再招新员工你们比较关注他们的哪些方面？（学历、经验、能力、性格等）

四、对学院的建议

14. 对学校培养人才有什么建议？在实践环节应该注重什么？

15. 如果学生到你们企业实习，你们有需求吗？能接纳多少人？

备注：要企业的宣传资料、接待人的名片等。

图 2-2-2　面向单位的调研表

学校访谈记录

访谈参加人员：____________________________

记录人：________

时间：____________

学校访谈提纲

一、基本情况

1．学校名称：

2．地点：

3．负责人：姓名、职务、职称、联系方式

4．所设专业：

5．各专业开设时间：

6．各专业学生人数：

7．专业课老师：人数、学历、双师结构

二、专业情况

8．主要开设专业课程：

9．校内实训室情况：（名称、设备、功能、实训什么技能、能同时容纳多少人实训）

10．哪些课有实践环节（在什么环境下实践？）

11．教学中主要讲授的软件：平面设计类：

3D 设计类：

其他类：

12．在校外与企业同时承接项目的企业主要有哪些？

13．固定的实习基地情况

三、办学情况

14．办专业的难点？（实践环节的难点）

15．毕业生去向：

16．毕业生适应性、工资收入水平等

备注：收集学校的简介、教学计划等。

图 2-2-3 面向学校的调研表

工作页

表 2-2-1　案例问卷的优劣分析展示卡

优点卡	缺点卡

任务 2.3　制订企业调研计划

公司领导下达指示需要对现有的配送市场进行分析观察并寻找机会开拓新的市场。由于明达还从未有过配送市场分析及调查的经验，因此向部门经理进行了咨询。经理把职业学校里的资料交给他，需要他学习后制订出有效的配送市场分析及市场调查计划。

工作内容

1．阅读材料 1，小组讨论完善对企业调研的认知。

2．阅读材料 2，小组讨论调研问卷应如何设计问题。

3．完成工作页表 2-3-1，要求成员间对比制作好的调研计划表，进行完善后给出小组的计划表。

4．尝试使用问卷星完成配送市场调查问卷的设计，完成工作页表 2-3-2。

学习材料

材料 1　案例与启示

美国某公司准备改进咖啡杯的设计，为此进行了市场实验。首先进行了咖啡杯选型调查。他们设计了多种咖啡杯子，让 500 个家庭主妇进行观摩评选，研究主妇们用干手拿杯子时哪种形状好，用湿手拿杯子时哪种不易滑落。根据调查研究结果，公司选用了四方长腰果形杯子。然后对产品名称、图案等也同样进行造型调查。接着他们利用各种颜色会使人产生不同感觉的特点，通过调查实验，选择了颜色最合适的咖啡杯子。他们的方法是，邀请了 30 多人，让他们每人各喝 4 杯相同浓度的咖啡，但是咖啡杯的颜色则分别为咖啡色、青色、黄色和红色 4 种。试饮的结果，使用咖啡色杯子的人都认为“太浓了”的占 2/3，使用青色杯子的人都异口同声地说“太淡了”，使用黄色杯子的人都说“不浓，正好”，而使用红色杯子的 10 人中竟有 9 个说“太浓了”。根据这一调查，公司咖啡店里的杯子以后一律改用红色杯子。该店借助于颜色，既可以节约咖啡原料，又能使绝大多数顾客感到满意。结果这种咖啡杯投入市场后，与市场上的通用公司的产品开展激烈竞争，以销售量比对方多两倍的优势取得了胜利。

材料 2 问卷问题

某航空公司设计了一份调查问卷，请乘客回答以下问题：

1．如以百元为单位，您的收入是多少？

（人们一般不愿意透露自己的收入，何况未必知道以百元为单位的收入。）

2．您是偶然地还是经常性地乘坐飞机？

（偶然与经常进行判断的标准是什么呢？）

3．您喜欢本航空公司吗？

（这个问题的目的何在？通过问题能了解什么呢？对于初次坐飞机的人又如何回答呢？）

4．今年四月里您在电视上看到几次航空公司的广告？

（谁会记得呢？）

5．您认为在评价航空公司时，最显著的、决定性的属性是什么？

（什么是最显著的、决定性的属性？太笼统，使得应答人无从回答。）

6．您认为政府对飞机票加税从而剥夺了许多人乘坐飞机的机会是对的吗？

（这个问题另有用意，有误导、偏见的嫌疑，使人不知如何回答。）

工作页

表 2-3-1 配送市场调研计划表

编号：　　　　　　　　　　　　　　　　　　　　　　时间：________ 年 _____ 月 _____ 日

调查目标				
考虑因素				
调查方法				
调查人员				
调查区域				
调查日期				
调查对象群体				
行程表	时间	活动项目	调查对象	备注
准备事项				
经费预估				
审批	总经理意见		市场拓展部经理意见	

批准：　　　　　　　　　　审核：　　　　　　　　　　拟文：

表 2-3-2　使用问卷星完成配送市场调查问卷设计工作单

任务 2.4　整理企业调研数据

明达与同事在合作中完成了公司领导下达的指示，对现有的配送市场进行了分析观察与调查，获得了一手及二手的资料。现领导委任明达与团队成员共同完成对现有数据的分析，寻找公司的潜在客户。

工作内容

1．阅读材料 1 和材料 2，了解冷链调研的数据整理情况，并标记最重要的信息；根据冷链调研，思考配送调研的数据整理方法。

2．阅读材料 1 和材料 2，勾出那些你能够用自己的话（最多两句）讲述的概念；请在文章中再读一遍你无法一下子解释出来的概念；请与你的邻座轮流解释各个概念，在此过程中共同搞明白不懂的问题；老师随机抽检同学进行复述，并对理解不正确的关键概念进行纠正。

3．小组协作，分别根据附件 1 和附件 2 完成工作页相关任务。

学习材料

材料 1　市场数据整理与调整

一、市场数据整理过程

数据的整理分析一般包括以下五个程序：

（一）分类

分类是指把资料分开或合并在有意义的类目中。它是数据资料整理的基础，也是保证资料科学性的重要条件。分类的方法有两种：一种是事先分类，即在问卷设计时已将调查问题预先进行了分类编号，资料收集后只要按预先的分类进行整理即可；另一种是事后分类，市场调查中有些问题事先无法分类，如购买动机、非结构性问题的询问等，只能在事后分类。资料分类编组一般有按照数量分组、按照时序分组、按照地区分组、按照质量分组 4 种类型。

（二）编校

资料的编校工作包括检查、改错，对资料进行鉴别与筛选。编校时要求按照易读性、一致性、准确性和完整性这 4 个标准来进行工作，特别是对完整性的要求尤其重要，即市场调查问卷的所有问题都应有答案。如果发现没有答案的问题，可能是被调查者不能回答或不愿回答，也可能是调查人员遗忘所致，编校工作者应决定是否再向原来的被调查者询问，以填补空白问题，或者询问调查人员有无遗漏，能否追忆被调查者所做的答复，否则就应剔除这些遗漏了的资料，以免影响资料的完整性和准确性。

（三）整理

数据资料整理的方法有手工、机械和电子计算机 3 种，一般以自己动手组织力量为主。

（1）手工方法。优点是方法简单，不需要其他机器设备；工作人员只需要接受手工整理的训练；发现错误可随时纠正，成本较低。缺点是遇到大量复杂的数据，整理时间太长。

（2）机械方法。这是用机械在卡片上打孔的方法。调查表上每一类资料都要根据一定的标准在规定的部位打孔，经过检查后，运用分类机自动将同一部位的卡片分组，并自动在记录器上计算出张数。这种方法的效率比手工方法高，而且可以保证资料整理的准确性。

（3）计算机方法。电子计算机处理数据是计算机技术的新发展，由于其计算速度快、准确性高，对于量大、复杂的数据处理工作特别有效。调查的数据要在计算机中进行处理，就要将答案变换成代码。代码通常用数字来表示，也可以用字母表示。

（四）制表

为了对资料进行分析和对比，必须将编校过的资料根据调查目的和重要程度进行统计分类，列成表格或图式。市场调查资料的列表方式可分为单栏表和多栏表两种。在单栏表里只有一项市场调查资料，如果研究人员只需要了解某一种特性的调查结果，则可采用单栏式。如果想在一张统计表中表示两种或两种以上的特性，则应采用多栏统计表。

（五）鉴定

从总体中抽取样本来推算总体的调查必然带有误差。除了抽样误差外，在实际工作中，由于技术或工作的错误也会造成误差，这种误差称为系统误差，一般应尽量避免。为了证实所抽取的样本是否能代表总体，需要采取一些方法进行鉴定。一种是凭经验鉴定误差，例如把所得的样本数据与其他标准数据相比较，以验证其代表性。另一种是用适当的公式计算标准误差和置信度，如果计算结果在误差范围之内，则可认为数据是可靠的。

二、市场数据调整

在收集到的数据中，由于非正常因素的影响，某些数据往往会突然偏离正常规律，忽高忽低。对于这些由偶然因素造成的、不能说明正常规律的数据，应当进行适当的调整和技术处理。

对市场数据进行调整的基本方法有以下三种：

（一）剔除法

就是将那些不能反映正常趋势的数据直接剔除，例如某地区历年来的基本建设投资额的统计数据，见附件 1。

（二）还原法

当采用剔除法减少数据点不利于分析时，还可采用还原法，把数据处理成排除非正常因素时应该表现出的数据。还原法可用算术平均法和几何平均法计算出两种还原值。例如（一）中的举例中：

$$\text{算术平均法 } y'_{91}=\frac{y_{90}+y_{92}}{2}=\frac{14.5+15.0}{2}=14.75$$

$$\text{几何平均法 } y'_{91}=\sqrt{y_{90}\cdot y_{92}}=\sqrt{14.5\times 15.0}=14.74$$

这两种方法的选择视整个所得数据的趋势而定。如果数据的发展趋势呈线性时，用算术平均法较好；当发展趋势呈非线性时，用几何平均法更合适。

（三）拉平法

拉平法主要用来处理商业企业调整或扩大经营范围，生产能力扩大或调整生产品种后的数列。如某厂塑料制品历年销售量，在实际操作中视所收集到的数据，灵活综合地运用上面提到的数据调整方法，使调查能够取得一个比较准确可信的成果。

材料 2 企业背景信息

如图 2-4-1 所示，北京市 50 家企业中，服务类企业有 71.43% 缺少独立的冷藏仓库，食物制造类企业有 53.33% 缺少独立的冷藏仓库，加工供应类企业有 66.67% 缺少独立的冷藏仓库，商贸类企业有 58.82% 缺少独立的冷藏仓库。由此说明企业有通过冷藏仓储公司来满足冷藏服务的需求。

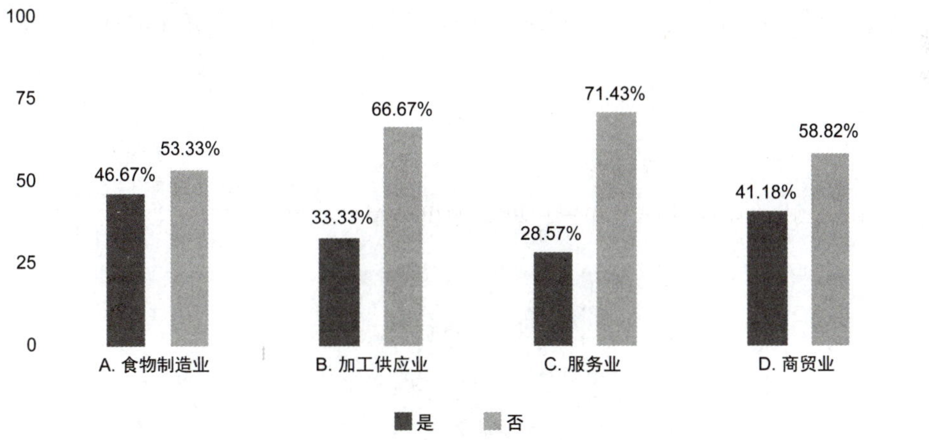

图 2-4-1　贵企业是否有单独的冷藏仓库

调查显示，冷藏服务类企业中有 80% 需要冷藏服务，食物制造类企业中有 66% 需要冷藏服务，加工供应类企业中有 76% 需要冷藏服务，商贸类企业中有 70% 需要冷藏服务。而拥有仓库的企业中，只有 6% 有冷藏仓库。这说明北京市的冷藏仓储市场需求很大，而冷藏仓库供不应求。所以对于冷藏仓储企业来说，发展前景良好。

需要何种类型的冷藏服务如图 2-4-2 所示。需要冷藏仓储的企业中冷藏服务需求比重最大的是奶制品，说明奶制品在冷藏仓储中的市场前景很广阔。而且，拥有仓库的大部分企业没有实现条形码化，而我司拥有完善的信息处理系统，熟悉二维码化、条形码化操作过程，这为我司带来了商机，我司可通过自有优势抢占市场。

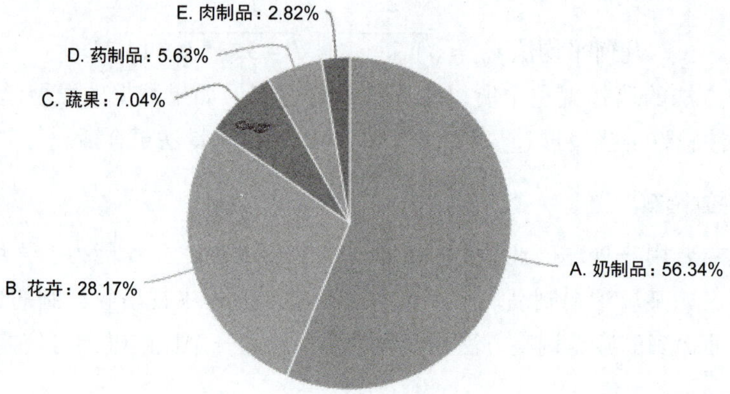

图 2-4-2　需要何种类型的冷藏服务

存储是否实现条形码化如图 2-4-3 所示，企业是否配备有专业的仓储知识的技术人员如图 2-4-4 所示。由图 2-4-3 和图 2-4-4 可知，北京市的冷链仓储市场缺少专业的物流技术人才，企业的自身管理水平仍然处于发展的初期阶段。因为冷链仓储对资金和技术的投入很大，导致企业仓库的设备设施不足，没有形成完整的冷链体系。而且市场也无法满足冷藏仓储企业的需求。企业在自身发展过程中存在的问题如图 2-4-5 所示。

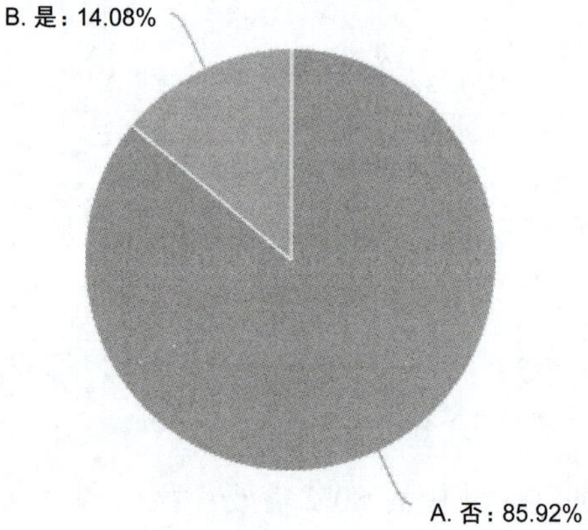

图 2-4-3　存储是否实现条形码化

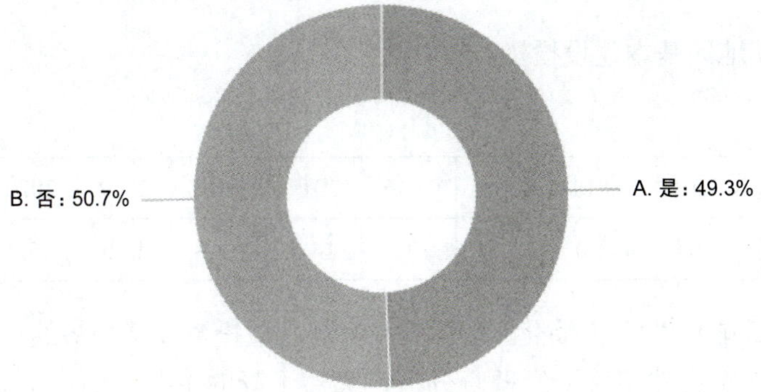

图 2-4-4　企业是否配备有专业的仓储知识的技术人员

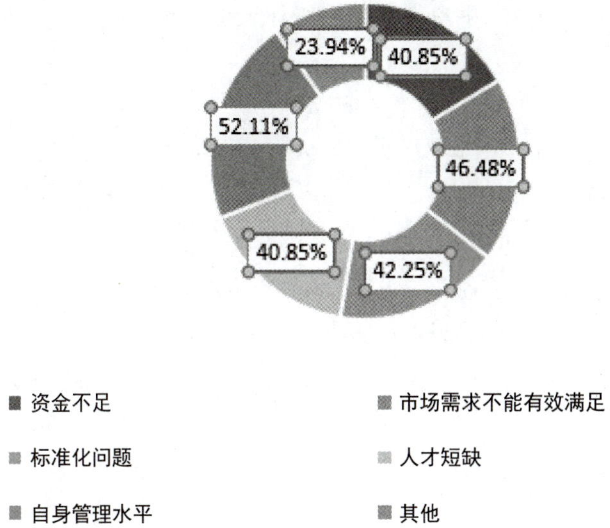

图 2-4-5　企业在自身发展过程中存在的问题

工作页

附件 1：某地区基本建设投资额统计表

表 2-4-1　某地区基本建设投资额统计表　　单位：亿元

年度	2013	2014	2015	2016	2017	2018	2019	2020	2021	2022
基本建设投资额	10.0	11.0	12.0	13.5	14.0	14.5	11.0	15.0	16.0	17.5

经分析，历年基本投资额的上升是基本符合当地投资发展趋势的，只有 2019 年的基本投资额出现了突然下降。经调查分析，突然下降的主要原因是宏观经济紧缩和国家政策调整。如果使用这个数据和其他数据一起输入预测模型，就会产生较大的偏差，去掉这个数据，有利于预测模型接近正常趋势。

任务：完成该企业一手及二手资料的数据统计表格。

附件 2：某厂塑料制品销售量

表 2-4-2　某厂塑料制品销售量　　单位：万件

年度	2008	2009	2010	2011	2012	2013	2014	2015	2016
销售量	75	80	83	185	190	196	201	206	210

从上述数列中可以看出，从 2010 年到 2011 年间有一个跳跃，这个跳跃是因为企业根据市场需求的发展，经投资扩建，形成了新的 100 万件的生产能力。如按原数列输入预测模型，会造成偏上的误差，如剔除 2008 年以前的数据，那剩下的数据就会过少。这时可采用拉平法，把 2008 年以前的数据加上新增能力 100 万件，即可把 2008 年前后的生产能力“拉平”。

任务：完成该厂一手及二手资料的分析并形成报告（用海报的形式呈现）。

任务 2.5　分析企业调研结果

明达和团队已经出色地完成了市场调查，并获得了一手及二手的资料，同时他和团队也对资料进行了分析整理。现在请根据调查分析，利用 ABC 分类法对客户进行分类，对效果进行评估并给出建议。

工作内容

1. 请仔细阅读材料 1 和材料 2 并标记最重要的信息和关键词；老师随机抽检同学进行复述，并对理解不正确的关键概念进行纠正。

2. 以小组为单位共同完成工作页。

学习材料

材料 1　ABC 分类法

ABC 分类法（Activity Based Classification）又称帕累托分析法、主次因素分析法、重点管理法等，平常也称之为 80/20 法则。

ABC 分类法是由意大利经济学家维尔弗雷多·帕累托首创的。1879 年，帕累托在研究意大利城市米兰个人收入的分布状态时，发现 20% 的人的收入占全部人收入的 80%，而 80% 的人的收入却只占全部人收入的 20%。他将这一关系用图表示出来，也就是著名的帕累托图。

ABC 分类法是由帕累托 80/20 法则衍生出来的一种法则。所不同的是，80/20 法则强调的是抓住关键，ABC 法则强调的是分清主次，并将管理对象划分为 A、B、C 三类。

一、应用与说明

ABC 分类法是根据事物在技术、经济方面的主要特征进行分类排列，从而实现区别对待区别管理的一种方法。帕累托通过长期的观察发现很多事情都符合该规律，于是他将此规律应用到生产上。该分析方法的核心思想是在决定一个事物的众多因素中分清主次，识别出少数的但对事物起决定作用的关键因素和多数的但对事物影响较小的次要因素。

1951 年，管理学家戴克首先将 ABC 分类法用于仓储管理。ABC 分析法应用于仓储管理中被称为 ABC 分类库存控制法，又称物资重点管理法，就是将库存货物根据其消耗的品种数和金额（或出库量）按一定的标准进行分类，对不同类别的货物采用不同的管理方法。分类的基本原理：从错综复杂、品种繁多的物资中，抓住重点，照顾一般。ABC 分类法在仓储管理中应用比较容易取得以下成效：第一，压缩了总库存量；

第二，解放了被占压的资金；第三，使库存结构合理化；第四，节约了管理力量。

二、ABC 分类法与效率

第一，盘点清查非常困难，而且难以确保准确性。对于非重要的材料，比如低值易耗品，可能影响还不大，但对于重要材料，例如产品关键部件，如果计数错误，将可能导致缺料，生产自然也就不可避免地受到影响，进而不能满足市场需求，丧失市场机会，失去客户。

第二，存量控制困难。重要材料的存量应该作为重点进行监控，确保不断料又不积压，非重要材料由于其重要性不高和资金占用量小，则可以按一定的估计量备货。如果实行一把抓式的管理，就可能将目光集中在大量非重要材料上，而疏忽了对重要材料的控制。

ABC 分类法的效率和高回报也是显著的。面对众多的问题，如果进行 ABC 分类，然后处理主要问题，次要的和不重要的问题常常会迎刃而解。

材料 2　企业背景信息

进一步发展北京市冷链仓储市场的对策

企业加强对仓储专业化人才的培养，建立标准化的管理制度，从而提高自身的管理水平。同时，企业应精准定位，不断完善和发展冷藏仓库的设备设施，提升服务质量。

通过对冷链仓储市场进行调研，得出以下结论：冷藏食品普及并成为人们的生活必需品，同时带来冷藏需求的快速增长。北京市冷链仓储市场中服务业的奶制品冷藏仓储市场最具潜力，公司可以进入服务业的冷藏仓储市场。

一、公司物流市场细分和市场定位

（一）冷链物流市场细分

市场细分依据：根据地理位置、行业对象、客户业务规模、产品属性来进行市场细分。

市场细分方法：采用系列因素法细分冷链仓储市场，见表 2-5-1。

表 2-5-1　采用系列因素法细分冷链仓储市场

地理区域	连接线	客户行业	连接线	产品类型	连接线	产品种类
京贸达		食品制造业		冷冻		奶制品
通州区		加工供应业		冷藏		药品
北京市		服务业		普通		花卉
全国		商贸业				肉类
国际						蔬果

（二）冷链物流目标市场选择

京贸达仓储具备从事冷链物流的硬件设施和行业经验，根据北京地区冷链物流市场未来的发展趋势，公司应选择冷藏服务，立足于通州区，接着扩散至整个北京市。经过细分北京市冷链物流目标市场，建议公司选择奶制品作为物流对象，在冷链物流细分市场选择小型连锁超市或中型超市。

（三）冷链物流市场定位建议

企业定位：成为通州区冷藏仓储的领头羊。

服务定位：奶制品的冷藏仓储。

区域定位：通州区。

竞争定位：冷藏仓储的领头羊。

客户定位：小型连锁超市。

二、公司物流服务项目开发

（一）服务项目开发背景

随着经济的快速发展，人民生活水平不断提高，人们对物质文化的追求已然上升了不止一个层次。目前，内陆地区的人们能在超市买到鲜活的海鲜，在北京的人们可以喝上最为新鲜的内蒙古鲜奶……这些新鲜食材的高效快捷运输都要归功于冷链物流。根据市场现状，我司选择鲜奶冷藏仓储作为主营业务，但是光有主营业务还不够，还需要有相对应的增值服务。于是我司开始对市场进行调查。

（二）市场调查识别客户需求

根据调查数据，通州区的小型连锁超市鲜奶配送服务很少，但是小型连锁超市需要鲜奶配送服务，而配送企业大部分是给大型超市进行鲜奶配送，而且鲜奶配送服务的价格也偏高。

这是一个市场空白点，公司通过市场调查敏锐地识别了客户的需求：通州区有大量的小型连锁超市需要鲜奶配送业务。

（三）深入调研识别客户需求

经过进一步的深入调研我们发现：小型连锁超市每天都会需要一定量的鲜奶。于是每天配送定量的鲜奶成为我司的目标。由于是配送鲜奶，收货方会对时间有明确的要求，要求确保鲜奶质量和送达时间精确，以免影响经营。

（四）根据客户需求设计“晨光奶”服务项目

于是我们开始了对物流新服务项目的构思和设计。通州区内小型连锁超市定量鲜奶配送推出了一项区域内“晨光奶”的核心服务项目。

“晨光奶”是指前一天晚上8点前收到鲜奶订单，第二天早上7点前将鲜奶配送上门。

在设计中，我司应用了信息增值策略、差别化策略、绿色战略策略、补缺加领先的路线策略。

（1）信息增值策略：为客户提供信息型增值服务，及时汇总、反馈各种信息，并运用网络技术向客户提供在线数据查询和在线帮助服务。

（2）差别化策略：靠优质的服务和低廉的价格来占领市场。

（3）绿色战略策略：通过运输线路优化的绿色运输、绿色包装、绿色装卸和逆向物流实现绿色物流减少油耗和空气污染，降低社会成本。

（4）补缺加领先的路线策略：在小型连锁超市每日定量鲜奶配送的空白市场上要做就做最好，成为市场领头羊。

（五）“晨光奶”服务项目的优势分析

与其他鲜奶配送相比，“晨光奶”在价格和服务上有明显优势。为提高效率，公司在通州区开通了不同形式的区域班车，区域班车为“晨光奶”的首末端工作，快速提取货物和派送货物。仓库与商家用物流班车连成线，线与线织成网，形成小的区域物流网，保证“晨光奶”的时效性。

工作页

附件 1：

20 世纪 50 年代，美国宝洁公司发现消费者由于洗涤不同的纤维织物的需要，不满足于单一品种的肥皂，于是生产了三种不同性能、不同牌子的洗衣肥皂：一种是洗涤软性纺织品的碱性小的肥皂，一种是洗涤较脏衣服的强碱肥皂，一种是有多种用途的全能肥皂。由于这些肥皂满足了不同消费者的需求，宝洁公司在肥皂市场上获得了最大的市场份额。营销专家总结了这一实践经验，提出了市场细分这一概念。

任务：请利用 ABC 分类法对市场调查相关决策的效果进行评估。

附件 2：

某营养滋补品公司发现，营养滋补品市场可以按三类变量予以细分，如图 2-5-1 所示。

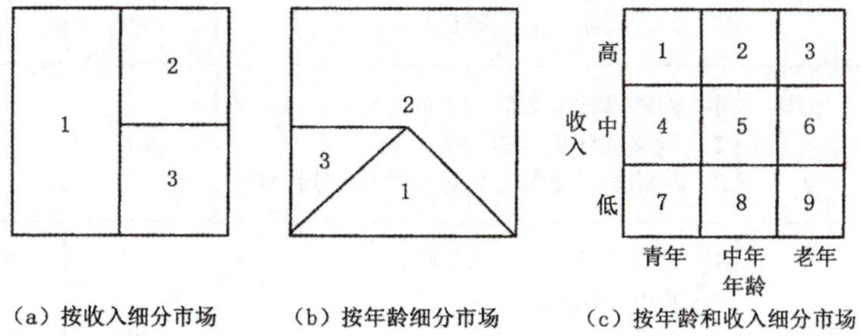

图 2-5-1 不同市场细分

图 2-5-1（a）是用消费者收入来细分市场。该营养滋补品公司认为，消费者收入层次不同，其需求也不同。用收入变量可把市场细分为 3 个子市场，其中“1 号市场”最大。

图 2-5-1（b）是用消费者年龄层次细分市场。对于营养滋补品，青年购买者、中年购买者、老年购买者之间的需要有明显区别。按这一标准划分的 3 个市场中，“2 号市场”规模最大。

图 2-5-1（c）是用“收入”和“年龄”两个变量并重细分市场。用收入低、收入中、收入高和青年、中年、老年等变量来细分市场，则把一个市场划分为 9 个子市场。其中 1 号市场是“高收入青年购买者市场”，9 号市场是“低收入老年购买者市场”，等等。显然，这一划分比图 2-5-1（a）和图 2-5-1（b）所用的方法更科学，也更有实效。

任务：

1．请参考冷链调研报告给出京贸达企业的配送发展建议。

2．请根据京贸达一手及二手资料的数据统计完成客户分类（用图片呈现）。

项目评价表

考核项目	评分标准	总分值	得分值
知识掌握	1．掌握调查问卷的撰写原则、步骤、内容、类型和技巧等 2．掌握调研计划的制订	40	
能力提升	1．能够设计简单的调查问卷 2．能够制订简单的调研计划 3．能够运用定量方法进行调研数据分析	40	
职业素养	1．责任心强 2．良好的团队合作 3．安全守法 4．诚实守信 5．探索新知	20	
签字：	总分	100	
评语： 优势： 不足： 其他：			

项目 3　物流产品策略

知识目标

- 掌握物流产品的相关概念。
- 掌握产品生命周期各阶段的特征。
- 掌握产品生命周期各阶段的产品策略。

能力目标

- 能够分析物流服务产品。
- 能够分析物流产品所处生命周期阶段。
- 能够针对物流产品提出对应的产品策略。

素质目标

- 具有良好的团队合作、分工协作能力。
- 具有安全守法、诚信经营、责任担当、服务客户、精益求精的职业素养。
- 具有创新精神、劳动精神、劳模精神。

项目情境

京贸达物流有限公司成立于 2009 年，是一家集仓储、运输、包装、配送、信息咨询于一体的第三方物流服务性企业。自成立以来，公司从北京市市内配送及城际间中长途运输业务起步，逐步建立了稳定的客户服务群，连续多年被评为“北京市优质诚信企业”，在业内有良好的口碑和知名度。

京贸达物流有限公司通过优良的服务赢得信誉，让客户体会到服务第一、客户至上，公司坚持“以客户为中心”的服务理念，坚持以“安全高效准确即时”为服务目标，坚持“用真诚赢得信誉，用信用保证效益”的企业经营理念，立足北京，扎根京津冀，延伸国内。

在经营战略上，京贸达物流有限公司计划拓展更多满足客户需求、符合城市发展的经营业务。为进一步开拓市场、服务客户，公司多次开展市场调研，针对客户需要，不断推出新的物流服务产品，以顺应新时期客户的新需求。为适应公司战略的发展，2016 年起京贸达物流有限公司开始全面转型升级，在北京市通州区增建冷藏冷冻库，进军冷链物流，为客户提供生鲜食品“日日鲜”配送服务；2017 年年底将原有的 3000 多平方米的标准大型仓库改造成一个现代化物流仓储配送中心，并拓展了物流信息咨询、市内快递、家具储存 + 运输、仓储 + 流通加工 + 运输等特色物流组合增值服务。

不断投入资金加强公司的基础建设，积极研发和引进具有高科技含量的信息技术与设备，不断提升作业水平，实现了对仓储、市内快递全过程全环节的信息监控、跟踪、查询及资源调度工作，确保了服务质量的稳步提升，奠定了业内客户服务满意度的领先地位。

任务 3.1 认识“产品”

京贸达物流有限公司目前拥有的资源如下：

（1）五环外一个现代化物流仓储配送中心和近 5000 平方米的货场，可长期提供客户仓储，为城际间中长途运输提供分拨和转运，并针对个人用户提供市内到门的特色物流服务。

（2）市内多个快递网点，为企业和个人提供快件收派服务。

（3）多名高层物流专业人员，为企业的物流需求提供物流解决方案。

请问该物流公司的产品是什么？其产品线有哪些？

工作内容

1. 阅读材料 1 和材料 2，以小组为单位为京贸达物流有限公司确定公司现有的产品线，完成工作页。

2. 阅读材料 3，请根据不同层级的物流产品尝试对产品进行组合，列举出不同组合的优点和缺点。

学习材料

材料 1 物流产品线

物流产品线是指物流产品组合中使用功能相似，分销渠道、客户群体类同的一组产品。例如仓储服务、运输服务、快递服务等，分别可以形成相应的产品线。

材料 2 产品层级

在计划市场供应品时，营销者需要考虑 5 个产品层次，每个层次都增加了更多的顾客价值，它们构成了顾客价值层级，如图 3-1-1 所示。5 个产品层次如下：

（1）核心产品：即顾客真正购买的基本服务或利益，从根本上说，每一种产品实质上都是为解决问题而提供的服务。

（2）基本产品：即产品的基本形式，由 5 个特征构成：品质、式样、特征、商标、包装。

（3）期望产品：即购买者在购买产品时期望得到的与产品密切相关的一整套属性和条件。

（4）增值产品：包括增加的服务和利益。

（5）潜在产品：即现有产品包括所有附加产品在内的、可能发展成未来最终产品的潜在状态的产品。它指出了现有产品可能的演变趋势和前景。

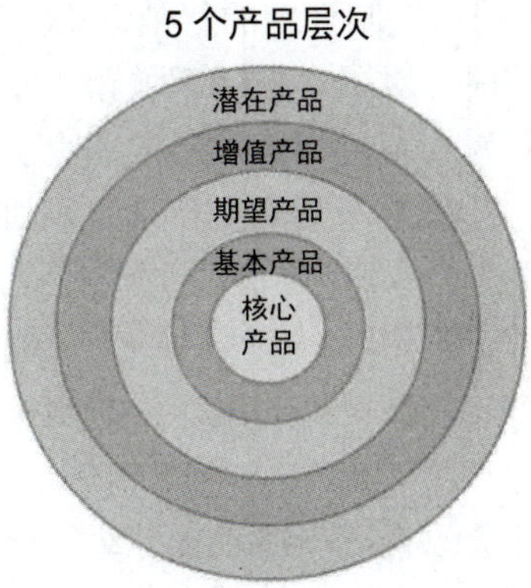

图 3-1-1　产品层次

材料 3　产品组合

物流产品组合的宽度是指产品组合中所拥有的产品线的数目；物流产品组合的长度是指产品组合中产品项目的总数；物流产品组合的深度是指一条产品线中所含产品项目的多少；物流产品组合的关联度是指各条产品线在最终用途、生产条件、分配渠道或其他方面相互关联的程度。

根据产品组合的 4 种尺度，物流企业可以采取以下 4 种方法来发展业务组合：

（1）加大或缩小产品组合的宽度，扩展企业的经营领域，实行多样化经营，分散企业投资风险。

（2）缩短或延长产品组合的长度，使产品线丰满充裕，成为更全面的产品线公司。

（3）加深产品组合的深度，占领同类产品的更多细分市场，满足更广泛的市场需求，增强行业竞争力。

（4）增加产品组合的关联度，使各个产品大类在最终使用、生产条件、分销渠道等方面密切关联，提高企业在某一地区、行业的声誉。

因此，产品组合决策就是企业根据市场需求、竞争形式和企业自身能力对产品组合的宽度、长度、深度和关联度方面做出的决策。

工作页

京贸达物流有限公司的产品层次

根据北京市对物流行业的发展需要，京贸达物流有限公司开展了市场调查。通过调查发现了诸多问题，因此公司决定制订新的营销策略。

北京城市功能的新定位是根据对国内外首都城市、特大城市的发展趋势和城市文化的发展趋势分析，基于以人为本和可持续发展的理念提出的。北京城市新规划的明显特征是凸显了“国家战略”的构想，第一次将京津冀协同发展纳入视野，强调北京在推动全国区域协调发展中的带动和辐射作用。物流行业面临新的形势，随着重工业、大型生产型企业被疏解出北京城区，相关物流服务业将产生新的变化。城区内居民增加，生活小区配套服务设施逐渐增加，城区内的配送需求也会增加，有可能需要 1 日 2 配或多配。

公司决定，首先根据现有资源将产品线进行分级，然后根据客户的需求调查确定公司需要开发的新产品。

考虑到京贸达物流有限公司总部在通州区，通州区已经作为城市副中心承担了新的职能，物流企业的发展也要有区域特色。

任务 1：作为公司的营销人员，请将公司产品按照 5 个层级图进行展示。

任务2：请根据外部环境的变化提出目前公司业务未涉及的不同层级的物流产品。

任务 3.2 认识"产品生命周期(PLC)"

"产品常新，企业长青。"市场上的产品也是有生命周期的。一种产品从投入市场开始到退出市场为止所经历的全部时间称为产品生命周期（Product Life Circle，PLC）。产品的市场生命不等同于使用寿命，某些产品的市场生命已经结束了，但使用寿命并没有结束，如过时的、不穿的衣服。企业必须关注一个商品能被顾客认可和接受多长时间。产品的市场生命周期越长，给企业带来的市场回报越大，利润也就越大。

工作内容

1. 分 4 个专家组，分别负责材料 1 至材料 4，并完成以下任务：

（1）请专家组 1 认真阅读材料 1 并标记于您而言的重要内容，如需要在工作页中记下的不明白或存疑的问题。

（2）请专家组 2 认真阅读材料 2 并标记于您而言的重要内容，如需要在工作页中记下的不明白或存疑的问题。

（3）请专家组 3 认真阅读材料 3 并标记于您而言的重要内容，如需要在工作页中记下的不明白或存疑的问题。

（4）请专家组 4 认真阅读材料 4 并标记于您而言的重要内容，如需要在工作页中记下的不明白或存疑的问题。

2. 请与专家组共同执行以下任务：

（1）弄明白所有的存疑和不明白的地方并填入工作页表 3-2-1 中。

（2）将你们的主题以关键词的形式填入表 3-2-2 的相应行列中。

（3）请考虑要如何向你们的原始组讲解你们的产品所处生命周期的阶段。

3. 每名专家借助于从专家组中学到的知识向原始组的其他小组成员讲解产品生命周期中所学到的部分。大家共同将工作页表 3-2-2 填写完成。最后每名小组成员都有一张完整的表格。认识并理解了产品生命周期的所有阶段后，小组完成工作页表 3-2-3 的任务。

学习材料

材料 1 产品生命周期——导入阶段

导入阶段开始于产品进入市场。在该阶段，等待客户改变其一直以来的消费行为会需要一段时间。在这段时间内，产品进入市场后，由于销售量低，抢占市场的费用高，会先产生亏损或只获得极低的利润。如果是一个真正的新产品，一开始会尚未出现竞争者。

为实现产品在市场上的突破，广告是最有效的工具。此外还有扩展销售网络。新产品大多仅生产基本规格的产品。

导入阶段的市场营销目标是，打开产品知名度，吸引首批购买者。

材料 2 产品生命周期——成长阶段

导入阶段之后，新产品不仅被引入了市场，而且也建立起了知名度，销量开始急速增加。此时就进入了成长阶段。大多数适合的客户开始购买该产品。高利润的机遇吸引新的竞争者进入市场。由于需求火爆，价格保持坚挺或只降低极少。由于促销成本分摊到较大的销量上，再加上生产数量较大而单位生产成本下降，因此在该阶段利润增加。

在该阶段，广告效果并未明显下降。产品策略一般采取的是改善产品质量，开发新的功能特点，更新设计。

成长阶段的市场营销目标是，尽可能达到最大的市场占有率。

材料 3 产品生命周期——成熟阶段

当一个新产品在市场上建立起了知名度，力求获得最大的增长率和市场份额之后，产品过渡至成熟阶段。该阶段被分为三步：第一步，销量增长减缓；第二步，开始出现市场饱和，使得销售额几乎停滞；第三步，开启销量下降过程，客户开始转向其他产品，这导致行业中产生过剩，竞争加剧，利润回落，弱势竞争者被市场淘汰。

竞争者试图在成熟阶段通过产品变化，比如质量改善（例如保质期更长）、改善产品功能配套（例如天窗）和 / 或产品品种的差异化（例如不同口味的巧克力）来获得新的需求者。除此之外还采取价格策略手段（例如高折扣）和服务策略手段（例如缩短交货期）。

成熟阶段的市场营销目标是，通过“拉伸”销售额曲线，同时确保市场份额，来获得最大的利润。

由于市场导入及成长阶段的高成本也大幅下降，该阶段会获得较高的回报率。

材料 4 产品生命周期——衰退阶段

当产品经过了其灿烂时期后，就到了其生命周期的最后一个阶段——衰退阶段。

在衰退阶段，销量严重下降，利润低，甚至根本不再产生利润。竞争者数量减少，剩下的提供商有计划地减少其产品品种，广告也越来越多地受到限制，推广活动渐渐稀疏，大幅降价也变得必要。

销售量衰落的原因可能在于技术进步、消费者口味变化或收入分配变化等他方所导致的需求结构的转移。

衰退阶段的市场营销目标是，在降低成本的同时“顺带获得”可能的利润。

工作页

表 3-2-1　产品生命周期各阶段存疑记录

导入阶段	成长阶段
成熟阶段	衰退阶段

表 3-2-2　产品生命周期模型工作单

定义：产品生命周期模型描述了一个产品从销售额和利润来衡量，从市场导入到退出市场的生命阶段和寿命。该周期分为 4 个阶段。

阶段	特征 （销售额、成本、利润、竞争、营销投入）	市场营销目标和广告的核心信息
导入阶段		
成长阶段		
成熟阶段		
衰退阶段		

表 3-2-3　产品生命周期的整体图及分析工作单

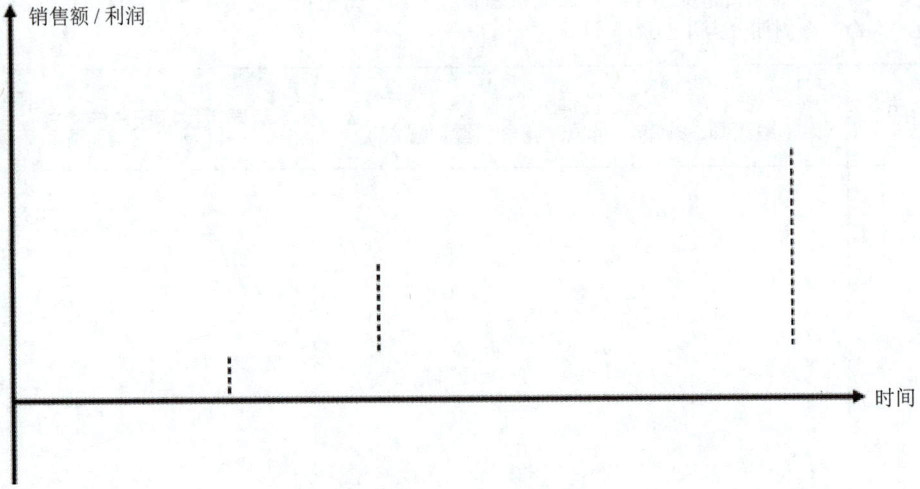

请与同伴交流，检验产品生命周期模型是否符合下列产品，并说出理由。

产品	是否符合	理由
Discman CD 随身听		
Coca-Cola 可乐饮料		
Persil 可乐饮料		
Aspirin 药品		
Nintendo Wii 游戏机		
Mensch ärgere Dich nicht 飞行棋		

请与同伴交流，通过确认优势和劣势来判断产品生命周期的方案。

优势	劣势

任务 3.3 产品策略

一个企业所生产的所有产品就构成了其产品组合。由于客户的要求和习惯不断在变化，因此产品生产商必须重新设计调整其产品组合。

工作内容

1．分 5 个专家组，分别负责材料 1 至材料 5，并完成以下任务：

（1）专家组 1，请仔细阅读材料 1，标记最重要的内容，并用关键词完成工作页。

1）请简述“产品创新”的概念。

2）请写出至少两个可以称为“产品创新”的原因。

3）请填写您应在产品生命周期的哪个阶段应用您的产品策略。

（2）专家组 2，请仔细阅读材料 2，标记最重要的内容，并用关键词完成工作页。

1）请简述“产品改进”的概念。

2）请写出至少两个可以称为“产品改进”的原因。

3）请填写您应在产品生命周期的哪个阶段应用您的产品策略。

（3）专家组 3，请仔细阅读材料 3，标记最重要的内容，并用关键词完成工作页。

1）请简述“产品差异化”的概念。

2）请写出至少两个可以称为“产品差异化”的原因。

3）请填写您应在产品生命周期的哪个阶段应用您的产品策略。

（4）专家组 4，请仔细阅读材料 4，标记最重要的内容，并用关键词完成工作页。

1）请简述“产品退市”的概念。

2）请写出至少两个可以称为“产品退市”的原因。

3）请填写您应在产品生命周期的哪个阶段应用您的产品策略。

（5）专家组 5，请仔细阅读材料 5，标记最重要的内容，并用关键词完成工作页。

1）请简述“产品多样化 ”的概念。

2）请写出至少两个可以称为“产品多样化”的原因。

3）请填写您应在产品生命周期的哪个阶段应用您的产品策略。

2．请在您的专家组共同讨论结果。专家组的每个人接下来都应当拥有相同的答案。

3．与其他主题的专家会面。每个专家向其他专家讲述各自的主题。您与他人相互补充，直至能够填好您的工作页表 3-3-1。

学习材料

材料 1 产品策略措施——产品创新

能满足消费者期望从而适应市场的一个可能的方法就是产品创新。产品创新是指开发全新的产品。

对此的动力在于，如今的产品处于越来越快的技术进步环境中，客户的期望变化也越来越快。这种加速导致了例如市场的开放和全球化，以及与此相关的国内产品供应的多种多样。对于企业来说，这意味着它们要被迫定期提供新的创新产品，以避免竞争者带来的需求转移。

例如，奔驰制造了一种燃料电池，可以将水和氢气直接转化为电能。这样汽车就能以电动机驱动，只将纯水蒸气作为尾气排出。

材料 2 产品策略措施——产品改进

能满足消费者期望从而适应市场的一个可能的方法就是产品改进或产品调整。在此对现存产品的外观和 / 或技术属性进行了根本的改变。有些情况下与产品创新非常接近。之前所提供产品的销售渐渐萎缩。

产品改进可以使一个产品系列通过新的属性继续显得有吸引力和创新性，从而使销量稳定或改善，这样也可延长一个产品的生命周期。此外，借着由上一代产品的模式所建立起来的购买者积极态度也会以很少的成本传递到下一代产品模式上。这里要对原来的产品针对需求、法律框架的改变，技术的进步或产品竞争状况的变化进行调整。通常人们称之为重新发售（Relaunch）。

例如，一个自行车生产商未来不再生产 26 寸车轮的山地自行车，而是只生产 27.5 寸的改良品，以满足增长的客户需求。

材料 3 产品策略措施——产品差异化

能满足消费者期望从而适应市场的一个可能的方法就是产品差异化。这里是指将一个导入的基础产品用其他的产品变型进行扩展，以满足不同目标群体的要求并创造客户的额外需求。这里要注意，该措施中所有产品的主要特性都在种类上保持不变。

产品差异化的动力在于一方面要满足市场对产品提出的多样性要求，另一方面要通过一个导入产品的不同产品变化激发至今尚未触及的购买者阶层的兴趣，使自己从竞争产品中脱颖而出。

例如，一个酸奶生产商除普通酸奶外，还在市场上投放脱脂低糖或无乳糖的酸奶。

材料 4　产品策略措施——产品退市

企业对负面市场发展做出最彻底的反应之一可能就是最后的产品退市。这里是指将产品及产品变化和 / 或服务从产品组合中剔除。

这项有目的的任务是一个不可低估的产品策略决策，其难度上与其他措施相比容易被低估。如果不对不产生收益或过时的产品进行退市，产品组合就得不到扩展，这会给企业的成本结构带来严重的后果。生产成本面对的是很低的销售收入，在某些情况下会导致亏损，企业必须做出决策。从长期来看，产品退市在效益上是有必要的。

例如，第一代仅通过时间来控制的微波炉已经没人购买了，客户如今常购买通过其他功能，比如特定食品程序来控制的微波炉。

材料 5　产品策略措施——产品多样化

能满足消费者期望从而适应市场的一个可能的方法就是产品多样化。产品多样化指的是通过增加其他种类的产品来扩展产品组合。这些产品不一定与本身的产品有直接的关系。

实施这种宽度上的扩展是为了分散风险，企业因此而获得了一个新的市场“立足点”，可以通过不同的、彼此无关的来源创造销售收入。产品多样化被视为提高增长和利润最大化的一种有效和可持续的方式。

例如，一个微波炉生产商除微波炉外还额外提供“多功能厨房机”，能搅拌、混合、切碎，还能加热做好的菜肴。

工作页

表 3-3-1　产品策略工作单

策略	产品创新	产品改进 / 产品调整	产品差异化	产品退市	产品多样化
定义					
原因					
产品生命周期阶段					
案例号					

项目评价表

考核项目	评分标准	总分值	得分值
知识掌握	1. 掌握物流产品的相关概念 2. 掌握产品生命周期各阶段的特征 3. 掌握产品生命周期各阶段的产品策略	40	
能力提升	1. 能够分析物流服务产品 2. 能够分析物流产品所处生命周期阶段 3. 能够针对物流产品提出对应的产品策略	40	
职业素养	1. 责任心强 2. 良好的团队合作 3. 安全守法 4. 诚实守信 5. 探索新知	20	
签字：	总分	100	
评语： 优势： 不足： 其他：			

项目 4　物流价格策略

知识目标

- 掌握定价的方法和技巧。
- 了解物流成本的构成。
- 熟悉定价的影响因素。
- 理解定价的策略。

能力目标

- 能够初步应用定价技巧进行合理定价。
- 能够分析影响定价的因素。
- 能够运用简单的定价策略。

素质目标

- 具有良好的团队合作、分工协作、沟通表达能力。
- 具有安全守法、诚信经营、责任担当、服务客户、精益求精的职业素养。
- 具有创新精神、劳动精神、劳模精神。

项目情境

京贸达物流有限公司是一家集仓储、运输、包装、配送、信息咨询于一体的第三方物流服务性企业。自 2009 年成立以来，公司从北京市市内配送及城际间中长途运输业务起步，逐步建立了稳定的客户服务群，连续多年被评为“北京市优质诚信企业”，在业内有良好的口碑和知名度。

京贸达物流有限公司坚持“以客户为中心”的服务理念，以“安全高效准确即时”为服务目标，以“用真诚赢得信誉，用信用保证效益”为企业经营理念，立足北京，扎根京津冀，延伸国内。公司管理严格按照 ISO9002 质量体系标准。进行“PDCA”式循环质量管理，全员参与，全面透彻，互相监督，全程监控。

在经营战略上，京贸达物流有限公司计划拓展更多满足客户需求、符合城市发展的经营业务。经过开展市场调研，把握客户需要变化，不断推出新的物流服务产品，以顺应市场需求。为适应公司战略的发展，2016 年起京贸达物流有限公司开始全面转型升级，在北京市通州区增建冷藏冷冻库，进军冷链物流，为客户提供生鲜食品“日日鲜”配送服务；将原有的标准大型仓库改造成一个现代化物流仓储配送中心，并拓展了物流信息咨询、市内快递、家具储存 + 运输、仓储 + 流通加工 + 运输等特色物流组合增值服务。

为适应公司战略的发展，公司投入大量资金用于加强公司基础建设，积极研发和引进具有高科技含量的信息技术与设备，不断提升作业水平，实现了对仓储、市内快递全过程全环节的信息监控、跟踪、查询及资源调度工作，确保了服务质量的稳步提升，奠定了业内客户服务满意度的领先地位。

京贸达物流有限公司的发展目标为“实施现代科学物流发展战略，铸就集成功能型供应商品牌”。在实践与探索中，公司建立健全了一套完整的物流管理体系，积累了丰富先进的管理经验，生成了新兴的运输理念，创造了不同于货运代理的专线储运业务，大大减少了中间环节，降低了管理成本，以合理的收费优势为客户提供了满意的服务。

任务 4.1　初识“定价”

价格是市场营销组合因素中十分敏感而又难以控制的因素，它直接关系着客户对物流服务的接受程度，影响市场需求和企业的利润。物流服务的定价策略对物流系统及其所提供的服务具有重要作用，定价策略正确与否将影响物流活动的广度、深度和顺畅性。

公司营销部通过市场调研，获得了客户的需求，明确了自身的发展战略：升级冷链仓储服务，增加面向企业和连锁门店的配送业务，削减或放弃长途物流专线业务。营销部需要根据客户需求做出仓储服务和面向企业门店配送业务的定价策略。明达作为营销部的实习生，参与了客户需求定价策略制订。

工作内容

1．阅读材料 1 至材料 4，标记重点。

2．绘制物流服务定价思维导图：回顾学习领域 1 运输成本核算，绘制物流服务定价思维导图，记录在工作页表 4-1-1 中。

3．以小组为单位学习产品定价相关知识。

（1）针对疑问之处进行小组讨论。

（2）用小组拼图法，原有小组拆分，组成新的学习小组，以专家身份将自己在原小组所学的知识讲给其他小组成员。

（3）个人修订并完善思维导图，记录在工作页表 4-1-2 中。

学习材料

材料 1　定价方法

1．成本导向定价法

成本导向定价法是以产品单位成本为基本依据，再加上预期利润来确定价格的定价方法。

2．需求价格弹性

需求价格弹性是指商品的需求对于价格变动的反应。如果价格发生微小变动，需求量几乎不动，称为这种商品需求无弹性；如果价格的微小变动使需求量发生较大或很大变化，则称为需求有弹性。

3. 竞争导向定价法

竞争导向定价法是指企业通过研究竞争对手的生产条件、服务状况、价格水平等因素，依据自身的竞争实力，参考成本和供求状况来确定商品价格的定价方法。

4. 需求导向定价法

需求导向定价法也叫市场导向定价法、顾客导向定价法，是指根据市场需求状况和消费者对产品的感觉差异来确定价格的方法。

5. 撇脂定价

新产品初上市，定以高价格，在短期内获得厚利，尽快收回投资，就像从牛奶中撇取所含奶油一样，取其精华，故称之为“撇脂定价”。

6. 渗透定价

新产品初上市时，定以较低价格，以获得最高销售量和最大市场占有率为目标，称之为“渗透定价”。

7. 价格折扣和折让

为鼓励顾客及早付清货款，在大量购买或淡季购买时，企业酌情调整其基本价格。这种价格调整称之为价格折扣和价格折让。

8. 密封投标定价法

买方在报刊上登广告或发出函件，说明需要采购商品的品种、数量、规格等要求，邀请卖方在规定期限内投标，买方在规定的时间内开标，选择报价最低、最有利的卖方成交，签订采购合同的定价方法，称为密封投标定价法。

9. 认知价值定价法

认知价值定价法是指主要依据消费者在观念上对该产品所理解的价值来定价的方法。

材料 2 定价技巧

1. 非整数法

其实定价有很多技巧，譬如使用“非整数法”。这种把商品零售价格定成带有零头结尾的非整数的做法，销售专家们称之为“非整数法”。这是一种极能激发消费者购买欲望的价格。这种策略的出发点是认为消费者在心理上总是存在零头价格比整数价格低的感觉。也就是产品计划定价 6 元，你可以定 5.9 元，价格低了一角钱，但却会给顾客一个低价很多的印象。注意，对于高档商品、耐用商品等宜采用整数定价策略，给顾客一种“一分钱一分货”的感觉，以树立商品的形象。

2. 弧形数字法

据国外市场调查发现，在生意兴隆的商场、超级市场中商品定价时所用的数字，按其使用的频率排序，先后依次是 5、8、0、3、6、9、2、4、7、1。这种现象不是偶然出现的，究其根源是顾客消费心理的作用。带有弧形线条的数字，如 5、8、0、3、6 等似乎不带有刺激感，易为顾客接受；而不带有弧形线条的数字，如 1、7、4 等比较而言就不大受欢迎。所以，在商场、超级市场商品销售价格中，8、5 等数字最常出现，而 1、4、7 则出现次数少得多。在价格的数字应用上，应结合中国国情。很多人喜欢

“8”这个数字，认为它会给自己带来好运；“4”字因与“死”同音，被人忌讳；“7”字，人们一般感觉不舒心；“6”字、“9”字，因中国老百姓有“六六大顺、九九长远”的说法，所以比较受欢迎。

3. 应时调整法

企业在市场竞争中，应时时预测供求的变化。德国韦德蒙德城的奥斯登零售公司，经销任何商品都很成功。例如，奥斯登刚推出 1 万套内衣外穿的时装时，定价为普通内衣价格的 4.5 ～ 6.2 倍，但照样销售很旺。这是因为这种时装一反过去内外有别的穿着习惯，顾客感到新鲜，有极强的吸引力。可是到 1988 年 5 月，当德国各大城市相继大批推出这种内衣外穿的时装时，奥斯登却将价格一下骤降到只略高于普通内衣的价格，同样一销而光。这样，又过了 8 个月，当内衣外穿时装已经不那么吸引人时，奥斯登又以“成本价”出售，每套时装的价格还不到普通内衣的 60%，这种过时衣服在奥斯登还是十分畅销。

4. 顾客定价法

自古以来，总是卖主开价，买主还价。能否倒过来，先由买主开价呢？例如，餐馆的饭菜价格，从来都是由店主决定的，顾客只能按菜谱点菜，按价计款。但在美国的匹兹堡市却有一家“米利奥家庭餐馆”，在餐馆的菜单上，只有菜名，没有菜价。顾客根据自己对饭菜的满足程度付款，无论多少，餐馆都无异议，如顾客不满意，可以分文不付。事实上，绝大多数顾客能合理付款，甚至多付款。当然，也有付款少的，甚至有在狼吞虎咽一顿之后，分文不给、扬长而去的。但那毕竟只是极少数。目前来讲，让顾客自行定价在我国已不算新事物，有些城市已出现了这样的餐馆，但经营后发觉并不成功。看来，使用这种方式还须注意销售条件和销售对象。

5. 特高价法

独一无二的产品才能卖出独一无二的价格。特高价法即在新商品开始投放市场时把价格定得大大高于成本，使企业在短期内能获得大量盈利，以后再根据市场形势的变化来调整价格。某地有一商店进了少量中高档女外套，进价 580 元一件。该商店的经营者见这种外套用料、做工都很好，色彩、款式也很新颖，在本地市场上还没有出现过，于是定出 1280 元一件的高价，居然很快就销售完了。如果你推出的产品很受欢迎，而市场上只你一家，就可卖出较高的价。不过这种形势一般不会持续太久。畅销的东西，别人也可群起而仿之，因此，要保持较高售价，就必须不断推出独特的产品。

6. 价格分割法

没有什么东西能比顾客对价格更敏感的了，因为价格即代表他兜里的金钱。价格分割是一种心理策略。卖方定价时，采用这种技巧，能造成买方心理上的价格便宜感。价格分割包括以下两种形式：

（1）用较小的单位报价。例如，茶叶每千克 100 元报成每 50 克 5 元，大米每吨 4000 元报成每千克 4 元等。巴黎地铁的广告是：“只需付 30 法郎，就有 200 万旅客能看到您的广告。”

（2）用较小单位商品的价格进行比较。例如，“每天少抽一支烟，每日就可订一份报纸。”“使用这种电冰箱平均每天 0.2 元电费，只够吃一根冰棍！”

7. 明码一口价法

讨价还价是一件挺烦人的事，于是很多企业和商店就采用一口价，绝不讲价，干脆简单。这样的定价方法，虽然简单，但是很容易流失客户。

8. 高标低走法

有的企业制定了统一的销售价格和批发价格，然后通过返利的方式给予经销商优惠，通过这样的方式稳定和激励经销商。商店里则采用高标价，然后通过与消费者的讨价还价，最后在任何价位上成交。

材料 3 定价决策因素

影响定价决策的因素包括企业目标、顾客、竞争对手、成本和其他外部因素。

1. 企业目标

要了解价格和制定价格，必须考虑许多方面的因素。首先要明确公司的目标，是增加市场份额、改善企业收入、最大化利润，还是其他目标。如果营销部门已经对公司目标有清晰的把握，那么确定价格在内的营销组合便是一件相对容易的事情。相反，如果定价与公司的目标相背离，可能花了很大精力，结果并不是公司想要的。因此，定价成功与否很大程度上取决于定价决策和公司目标的契合度。

那么怎样才能了解公司的目标是什么呢？一般有两种办法：一是企业主管（亚太区总裁、中国区总经理等）介绍公司的愿景、每年的年度计划；二是从公司网站阅读公司 CEO（首席执行官）向投资人提供的报告。

2. 顾客

在明确了解营销目标以后，我们有必要了解客户的要求，因为是客户决定了产品定价正确与否。尽管他们的要求并不是一成不变的，但是我们必须要了解他们现在需要的是什么。这是一个看上去很简单的问题，有的人会认为，我做市场营销工作都十多年了，还不知道谁是我的客户吗？但是，有时候我们确实不知道，或者说我们只知道部分的客户，也可能是只知道昨天的目标客户。我们经常会得到销售的反馈，说价格不好，说质量不好。但是仔细分析一下会发现，可能是把目标客户群搞错了。因此，过一段时间，可以是半年或者一年，要问一下自己，谁是我们的客户，我们要找什么样客户。很有可能我们想找的是高端客户，但是我们的产品是低端的，那就不匹配。这个问题看上去很简单，但是如果不仔细分析，我们还是可能会把客户弄错。

当然，我们还应该知道他们是怎么购买的。

3. 竞争对手

影响企业定价决策的另一个重要因素是竞争对手，因为大多数情况下，市场上并非只有我们一家公司，可能会有同类同档次的公司，或是更高端的公司，也可能是低一个档次的公司。我们必须了解谁是我们的竞争对手，他们的战略是什么、优势是什么，还应该了解他们的成本、价格以及可能对企业定价做出的反应。

以相机为例，一个正在考虑买相机的消费者在做出购买决策之前，会比较市场上的各个品牌，如佳能、奥林巴斯、三星和索尼等的价格、质量和外观各个方面，结合预算做出决定。如果索尼采取高价格、高利润战略，其他竞争对手也进入这个细分市场。

而低价格、低利润的战略可能有效阻止竞争对手进入市场或是把他们淘汰出局。因此，在制定价格之前，对市场上竞争对手的产品价格、质量和各方面的性能有全面的了解，并以此为基础对自身的产品进行定位，才能使产品价格更有针对性和竞争力。

4. 成本

成本是企业能够为产品设定的底价。企业在制定产品的价格时，如果不能覆盖生产、分销和管理等各个方面的成本，就有可能是亏本的，不能给投资人带来相应的回报。企业的成本分为两种，即固定成本和可变成本。固定成本是指不随产量变化的成本，例如不管企业是否开工，都必须支付厂房每月的租金、设备维护费用、暖气费以及其他方面的开支。而可变成本直接随生产量水平发生变化。生产一台联想电脑，会涉及 CPU、主板、显示器和组装等成本。一般而言，这些成本是大体相同的，它们的总成本往往与数量成正比。与此同时，有一种成本在决策中至关重要，应该引起企业重视，那就是管理费用。一个工厂会有总经理、副总经理、总监等管理层的费用需要分摊，特别是当企业有很多个部门、很多条产品线时，管理层的工资有多少是分摊到某条产品线或分摊到某一个部门的，会直接影响企业的产品定价决策。

如果说我们有这样一个产品，它的售价是 100 元，成本是 110 元，那么这个产品是做销售还是不做销售呢？如果工厂的设备利用率超过 98%，答案很简单，就不做销售了。如果这个企业的人员和设备的利用率只有 53% 左右或更低，我们还需进一步分析。首先分析具体的成本情况，如果固定成本 30 元，变动成本 50 元，管理费用是 30 元，实际上与产品直接相关的成本只有 80 元，售价超过直接产品成本，产量越多，分摊到单位产品的管理费用越少，所以应该选择生产这个产品。如果产品的售价不变，成本变为 120 元，其中固定成本为 30 元，变动成本为 75 元，管理费用为 15 元，那么决策也很简单，肯定不能做销售，因为固定成本与变动成本这两个部分的成本已经超过了售价，做得越多，只会亏得越多。

5. 其他因素

在企业定价的过程中，除了顾客和竞争对手，还必须考虑其他外部因素。一个国家或地区的经济条件，如经济周期、通货膨胀和利率等对企业的定价策略有重大的影响。如果经济处于衰退阶段，消费者的购买力减弱，企业继续维持高价可能会使销售量下降。政府也是影响定价决策的重要因素，营销人员需要了解影响价格的法律，这在出口方面特别重要，很多对外出口企业因为对当地的环境不了解，结果受到反倾销调查。

所以，最终定价要综合各个方面的信息。第一，要明确公司的目标，包括公司的战略、未来几个月公司的目标；第二，要了解谁是我们的客户、客户的采购过程，以及在决策过程中客户最关心的是什么；第三，我们必须了解谁是竞争对手、他们的战略是什么、优势是什么；第四，必须对真实成本有一个准确的把握，特别是应该从作业成本的角度来分析产品的成本。与此同时，也应该考虑外部的经济条件和政府等外部因素。

材料 4 定价目标

在市场经济中，企业的最终目标是生存、发展和壮大。为达到这一最终目标，企业必须适应市场的变化，这就必然会使企业在不同的时间内、不同的市场情况下确定不同的工作重点和发展目标，并努力采取各种措施去实现这些目标。

价格是企业为实现其目标所必须运用的最重要的手段之一。在产品定价和企业目标之间，产品定价应服从和服务于企业目标。通常，企业定价目标有下述几种。

1. 维持企业生存发展

对于物流企业来说，当行业竞争日趋激烈或其提供的产品和服务在市场上大量过剩时，物流企业的发展目标就应是保障本企业在激烈的竞争中不至于被淘汰，维持企业的生存发展。此时，物流企业的产品不宜制定过高的价格，否则易使该产品在市场上失去竞争力而危及企业的生存和发展。

2. 实现企业利润最大化

当行业市场处于初始发展阶段，市场竞争相对较小或其提供的产品供不应求，企业产品或服务在市场上处于绝对有利地位时，企业可实行比其产品成本相对较高的价格策略，以获取超额利润，实现利润最大化。例如，我国现阶段能提供高效优质物流产品或服务(相对于其他大多数物流企业来讲)的物流企业可据此目标制定其产品价格。

3. 扩大市场占有率

在市场经济条件下，拥有更多的市场，就意味着能更好地生存、发展并获得可观的回报。因此，占领更大的市场是所有企业都期望的。当企业以扩大市场占有率为发展目标时，其产品或服务的价格就应围绕着如何通过产品价格的变化来实现其市场占有率的增加来确定。例如，为扩大市场占有率，企业可制定尽可能低的产品价格或依照主要竞争对手的产品价格的变动适时变更本企业产品价格等。

4. 提高产品与服务质量

企业也可以考虑以产品质量领先作为其目标，并在生产和市场营销过程中始终贯彻产品质量最优化的指导思想。在物流企业中，因其提供的产品多数为各种服务（无形产品），不同物流企业提供的服务质量的高低会直接影响消费者的消费决定。当然，此时就要求物流企业用高价格来弥补因提高产品或服务的质量而发生的高成本。

5. 获取投资利润

任何企业都希望所投下的资金能获得预期的报酬，而且最好是长期的。因此，企业在定价时多在产品成本外加入预期利润。一般来说，预期利润应高于银行存款的利率，也有的企业仅收取合理的报酬率。报酬率的确定要经过谨慎的研究、分析和计算，以使所定价格能被顾客接受。同时，采用此目标的企业应具备一定的条件：第一，企业在所属行业中居于领导地位，否则无法应对同行业的竞争；第二，企业的产品通常是独家产品、低单位价格产品或高质量和标准化产品。

工作页

表 4-1-1 物流服务定价思维导图

表 4-1-2 修订并完善思维导图

任务 4.2 了解“物流成本”

通过与客户反复沟通，京贸达物流有限公司终于明确了冷链配送中心的作业过程：每天 16:00 客服业务室接收客户的网上订单和传真订单，同时将订单传给仓储部，24:00 客户供应商到货；京贸达物流有限公司冷库客服业务室接收、审核订单，仓储部接收订单，先收货入库后检验返验，将退货单交给客服业务室进行退货，并进行相应的补货；2:00 截止对客户收货，冷库仓储部将收货信息传给客服业务室，客服业务室进行系统数据录入，客服业务室与仓储部进行核对服务单，准备出车；3:00 装车，6:00 到门店进行交货；退货 11:00 入库，系统录入再进行下单。在这个过程中发生着各种的成本费用，您知道具体有哪些吗？

工作内容

1. 阅读材料 1 和材料 2，标记重点。

2. 阅读以上学习情境，明确客户需求，小组讨论后绘制物流服务流程图，将京贸达物流有限公司为客户提供的服务以可视化的形式展示出来，并记录在工作页表 4-2-1 中。

学习材料

材料 1 物流成本的概念和构成

1. 物流成本的概念

物流成本是产品在实物运动过程中，如包装、装卸、运输、储存、流通加工等各个活动中所支出的人力、财力和物力的总和。

中国在 2006 年颁布实施的国家标准《企业物流成本计算与构成》（GB/T 20523—2006）中指出：“企业物流成本是企业物流活动中所消耗的物化劳动和活劳动的货币表现，包括货物在运输、储存、包装、装卸搬运、流通加工、物流信息、物流管理等过程中所耗费的人力、物力和财力的总和以及与存货有关的流动资金占用成本、存货风险成本和存货保险成本。”该定义的物流成本包含两方面的内容：一方面是直接在物流环节产生的支付给劳动力的成本、耗费在机器设备上的成本以及支付给外部第三方的成本；另一方面包括在物流环节中因持有存货等所潜在的成本，如占有资金成本、保险费等。

2. 物流成本的构成

现代物流成本的范围更广，贯穿于企业经营活动的全过程，包括从原材料供应开始一直到将商品送达消费者手中所发生的全部物流费用。物流成本按不同的标准有不同的类型。

（1）一般情况下，物流成本可分成直接成本（运营成本）和间接成本。

（2）按产生物流成本主体的不同，物流成本可分成企业自身物流成本和委托物流费（委托第三方从事物流业务所发生的费用）。

（3）按物流活动范围，物流成本可分成供应物流费、企业内物流费、销售物流费、回收物流费、废弃物物流费。

（4）按物流的功能，物流成本可分成运输成本、仓储成本、流通加工成本、包装成本、装卸与搬运成本和物流管理成本。

1）运输成本：主要包括人工费用，如运输人员工资、福利等；营运费用，如营运车辆燃料费、折旧、公路运输管理费等；其他费用，如差旅费等。

2）仓储成本：主要包括建造、购买、租赁仓库设施设备的成本和各类仓储作业带来的成本。

3）流通加工成本：主要有流通加工设备费用、流通加工材料费用、流通加工劳务费用及其他。

4）包装成本：主要包括包装材料费用、包装机械费用、包装技术费用、包装人工费用等。

5）装卸与搬运成本：主要包括人工费用、资产折旧费、维修费、能源消耗费以及其他相关费用。

6）物流管理成本：主要包括企业为物流管理所发生的差旅费、会议费、交际费、管理信息系统费以及其他杂费。

材料 2　物流成本的特点

物流成本和其他成本比较，有许多不同之处，但是最突出的只有两点，这两点被归结为物流冰山现象和效益背反（交替损益）现象。

物流冰山现象是日本早稻田大学西泽修教授研究有关物流成本问题时所提出来的一种比喻。在物流学界，现在已经把它延伸成物流基本理论之一。

物流冰山理论认为，在企业中，绝大多数物流发生的费用是被混杂在其他费用之中的，而能够单独列出会计项目的只是其中很小一部分。这一部分是可见的，常常被人们误解为其就是物流费用的全貌，其实这只不过是浮在水面上的、能被人所见的冰山一角而已。

效益背反现象是物流成本的另一个特点。物流成本的发生源很多，其成本发生的领域往往在企业里面是不同部门管理的领域。因此，这种部门的分割就使得相关物流活动无法进行协调和优化，经常出现此长彼消、此损彼益的现象。其实，在任何一个大系统中，系统要素之间经常会出现这种矛盾。系统工程的主要目的也在于从系统高度寻求总体的最优。

工作页

表 4-2-1　物流服务流程图绘制工作单

任务 4.3　分析影响定价的因素

依据市场部提供的目标客户 X 公司的要求，价格部为其设计了两种物流服务产品，以供选择。京贸达物流有限公司在前期调研的基础上，制订了发展区域冷链物流配送的计划，需要按照在通州区本地连锁超市、小型生鲜销售点配送牛奶的方案制定价格策略。

1. 优质服务：按照普通物流时间表及 KPI 标准执行。

2. 快速抢占商品营销渠道、加大市场占有率；调整物流时间表及 KPI 各项指标。

工作内容

1. 阅读材料 1，在信息文本中查找、确认关键词，用红笔画出来。

2. 阅读材料 2，在信息文本中查找、确认关键词，用红笔画出来。

3. 根据材料 1 个人总结出 3 种导向定价法，计算出数值，然后与同组人员交流计算结果并比对差异，填入工作页表 4-3-1 中。

4. 根据材料 2 将原有小组拆分，组成新的学习小组，以专家身份将自己在原小组所学的知识讲给新的小组成员；回到原始小组后，运用角色扮演法进行演示，然后小组讨论；讨论结束后，小组确定设计方案并画出海报（做出两种定价方案），填入工作页表 4-3-2 中；利用鱼骨图法，引导学生以产品定价策略、价格调整及反应的知识点作为反思的依据，得出是否对方案进行调整，并出具文字说明报告，完成工作页表 4-3-3。

学习材料

材料 1　定价法分类

一、成本导向定价法

1. 成本导向定价法

成本导向定价法是一种主要以成本为依据的定价方法。该方法按照单位成本加上一定百分比的加成制定销售价格，加成的含义就是一定比率的利润。其具体公式如下：

$$P=C(1+R)$$

式中，P 为单位产品售价，C 为单位产品成本，R 为成本加成率。

2. 增量分析定价法（变动成本定价法）

增量分析定价法主要是分析企业接受新任务后是否有增量利润。增量利润等于接受新任务引起的增量收入减增量成本。只要增量收入大于增量成本（或价格高于变动成本），这个价格就是可以接受的。

此定价法与成本加成定价法的共同点是都以成本为定价的基础，不同点是前者以全部成本为基础，后者是以增量成本（或变动成本）为基础。

二、需求导向定价法

1. 需求导向定价法

需求导向定价法是一种以市场需求强度及消费者感受为主要依据的定价方法。

2. 感知价值定价法

感知价值定价法是指根据购买者对产品的感知价值制定价格的方法。具体做法为：

（1）估计消费者对该产品的接受程度，预测这一价格水平下产品的销售量，并据此估算必需的工厂生产能力、投资额和单位产品成本。

（2）综合所有情况和数据测算这种产品的盈利水平，如果盈利令人满意，企业就投资开发此产品；否则就放弃开发。

3. 反向定价法

反向定价法是指企业依据消费者能够接受的最终价格计算自己经营的成本和利润后，逆向推算产品的批发价和零售价的定价方法。

这种方法不是以实际成本为主要依据，而是以市场需求为定价出发点，力求使价格为消费者所接受。分销渠道中，批发商和零售商多采取这种定价方法。

三、竞争导向定价法

1. 随行就市定价法

随行就市定价法是指企业按照行业的平均现行价格水平来定价的方法。

2. 投标定价法

投标价格根据对竞争者报价的估计确定，而不是按供货企业自己的成本费用确定。其目的在于赢得合同，所以一般低于对手报价。

材料 2 影响定价的主要因素

一般来说，产品定价的上限通常取决于市场需求，下限取决于该产品的成本、费用等。

在上限和下限内如何确定价格水平则取决于一个企业的定价目标、政府的政策法规、竞争者同类产品的价格，其中竞争因素决定了价格上限，企业定价目标则决定了最低限价。影响定价的因素如图 4-3-1 所示。

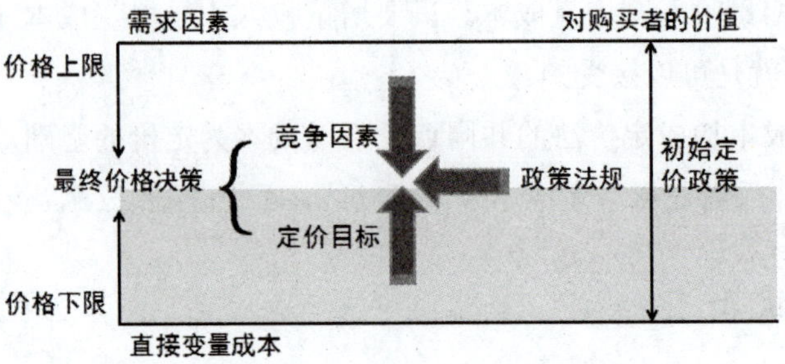

图 4-3-1 影响定价的因素

一、定价目标

1. 维持生存

如果企业产能、产量过剩，或面临激烈竞争，则会把维持生存作为主要目标。只要其销售收入能弥补可变成本和部分固定成本，企业的生存便可维持。

2. 当期利润最大化

有些企业希望制定能使当期利润最大化的价格。企业估计需求和成本，并据此选择一种价格，使之能产生最大的当期利润、现金流量或投资报酬率。

3. 市场占有率最大化

有些企业通过定价取得控制市场的地位，即使市场占有率最大化。因为这些企业确信，赢得最高市场占有率，将享有最低成本和最高的长期利润。所以，在单位产品价格不低于可变成本的条件下，制定尽可能低的价格，追求市场占有率领先地位。

4. 产品质量最优化

企业也可考虑以质量领先为目标，并在生产和市场营销过程中始终贯彻产品质量最优化的指导思想。这就要求用高价弥补高质量和研发的高成本。

各定价目标与其最终的定价分别为：

- 维持生存　　低价（成本价）
- 当期利润最大化　　高价
- 市场占有率最大化　　低价
- 产品质量最优化　　高质高价

二、产品成本

产品成本是价格的底限。任何企业都不能随心所欲制定价格。从长远看，任何产品的销售价格都必须高于成本费用，这样才能以销售收入抵偿生产成本和经营费用。

因此，企业制定价格必须估算相关成本。对于已有的产品，相关成本是指同生产、分销有关的直接成本和分配的间接成本；对于新产品，相关成本是在未来的整个生命周期里的直接成本和分配的间接成本。

三、市场需求

市场需求是价格的高限。市场需求受价格和收入变动的影响。

对于需求，主要是了解商品的市场需求弹性。需求价格弹性是衡量某一商品的需求量对它本身价格变化的反应程度的指标，用需求量变动百分比除以价格变动百分比来计算。

需求弹性大的商品，价格一经调整就会立即影响市场需求；需求弹性小和无弹性的商品，调整价格一般对销售量无大影响。所以，如果某一时期在某一市场上对某一商品的需求量是增加的，则可以采取适当的提价措施；反之，则应适当降价。

四、竞争者的产品和价格

企业必须采取适当方式了解竞争者的产品质量和价格，比质比价，更准确地制定自己的产品价格。

（1）如果质量大体一致，价格一般也应大体相同或略低，否则可能卖不出去。

（2）如果本企业产品质量较高，价格也可定高一些。

（3）如果质量较差，价格就应低一些。

五、政府的政策法规

企业应依法依规定价。

企业制定价格时，还须考虑政府有关政策、法令的规定。在我国，规范企业定价行为的法律和相关法规有《价格法》《反不正当竞争法》《制止牟取暴利的暂行规定》《价格违法行为行政处罚规定》《关于制止低价倾销行为的规定》等。

工作页

表 4-3-1 导向定价法工作单

导向定价法	根据材料 1 个人计算出数值	同组对比差异
成本导向定价法		
需求导向定价法		
竞争导向定价法		

表 4-3-2　定价方案设计海报

定价方案	设计方案海报

表 4-3-3　定价方案鱼骨图

项目	鱼骨图
定价策略及价格调整	
文字说明报告	

任务 4.4 价格策略

英特尔的定价策略

一个分析师曾这样形容英特尔公司的定价政策："这个集成电路巨人每 12 个月就要推出一种新的，具有更高盈利的微处理器，并把旧的微处理器的价格定在更低的价位上以满足需求。"

当英特尔公司推出一种新的计算机集成电路时，它的定价是 1000 美元，这个价格使它刚好能占有市场的一定份额。

这些新的集成电路能够增强高级个人计算机和服务器的性能。如果顾客等不及，他们就会在价格较高时去购买。

随着销售额的下降及竞争对手推出相似的集成电路对其构成威胁，英特尔公司就会降低其产品的价格来吸引下一层次对价格敏感的顾客。

最终价格跌落到最低水平，每个集成电路仅售 200 多美元，使该集成电路成为一个热线大众市场的处理器。

通过这种方式，英特尔公司从各个不同的市场中获取了最大量的收入。

工作内容

1. 阅读材料 1 和材料 2，在信息文本中查找、确认关键词，用红笔画出来。
2. 以小组为单位完成工作页任务，思考问号处如何填写，完成工作页。

学习材料

材料 1 定价的基本策略

一、折扣定价策略

价格折扣是指物流企业为了鼓励顾客及早付清货款、大量购买、淡季购买，酌情降低其基本价格，对基础价格进行的调整。折扣定价策略主要包括下述 5 种形式。

1. 现金折扣

现金折扣是对按约定日期或提前以现金付款的客户，根据其所购产品原价给予一定的优惠。其目的在于鼓励顾客提早付款，以降低公司收账成本。现金折扣是当场付清货款的一种减价。

2. 数量折扣

数量折扣根据每次或某一时间段内的客户需要服务业务的数量或金额的大小，分别给予买家不同售价的定价技巧。数量折扣是大量购买的一种减价。

3. 季节折扣

季节性折扣通常是指在业务淡季下对过季产品所提供的特别折扣，目的在于使公司产品的生产量维持在一个较稳定的水平上。

4. 功能性折扣

功能性折扣又称交易折扣，通常是营销渠道中的成员因其所扮演的特殊功能与角色所给予的折扣，这些功能包括销售、储存和做出货记录。

5. 价格折让

价格折让就是根据价目表给顾客以价格折扣的减价类型，例如新产品试销折让，如商品标价 115 元，去掉零头，减价 5 元，顾客只付 110 元。还有以旧换新折让等。

二、地区定价策略

地区定价是指企业决定对于卖给不同地区顾客的某种产品是分别制定不同的价格还是制定相同的价格。地区定价策略主要包括下述 5 种形式。

1. 产地交货价格

产地交货价格是卖方按出厂价格交货或将货物送到买方指定的某种运输工具上交货的价格。在国际贸易术语中，这种价格称为离岸价格或船上交货价格。交货后的产品所有权归买方所有，运输过程中的一切费用和保险费均由买方承担。产地交货价格对卖方来说较为便利，费用最省，风险最小，但对扩大销售有一定影响。

2. 目的地交货价格

目的地交货价格，是由卖方承担从产地到目的地的运费及保险费的价格。在国际贸易术语中，这种价格称为到岸价格或成本加运费和保险费价格。目的地交货价格还可分为目的地船上交货价格、目的地码头交货价格和买方指定地点交货价格。目的地交货价格由出厂价格加上产地至目的地的手续费、运费和保险费等构成，该价格虽然手续较烦琐，卖方承担的费用和风险较大，但有利于扩大产品销售。

3. 统一交货价格

统一交货价格，也称送货制价格，即卖方将产品送到买方所在地，不分路途远近，统一制定同样的价格。这种价格类似于到岸价格，其运费按平均运输成本核算，这样可减轻较远地区顾客的价格负担，使买方认为运送产品是一项免费的附加服务，从而乐意购买，有利于扩大市场占有率，同时能使企业维持一个全国性的广告价格，易于管理。该策略适用于体积小、重量轻、运费低或运费占成本比例较小的产品。

4. 分区运送价格

分区运送价格，也称区域价格，指卖方根据顾客所在地区距离的远近将产品覆盖的整个市场分成若干个区域，在每个区域内实行统一价格。这种价格介于产地交货价格和统一交货价格之间。实行这种办法，处于同一价格区域内的顾客就得不到来自卖方的价格优惠，而处于两个价格区域交界地的顾客之间就得承受不同的价格负担。

5. 运费津贴价格

运费津贴价格，是指为弥补产地交货价格策略的不足，减轻买方的运杂费、保险费等负担，由卖方补贴其部分或全部运费。该策略有利于减轻边远地区顾客的运费负担，使企业保持市场占有率，并不断开拓新市场。

三、心理定价策略

心理定价是指企业利用顾客心理有意识地将产品价格定高些或低些，以扩大销售。心理定价策略主要包括下述 6 种形式。

1. 尾数定价策略

尾数定价，也称零头定价或缺额定价，即给产品定一个零头数结尾的非整数价格。大多数消费者在购买产品时，尤其是购买一般的日用消费品时，乐于接受尾数价格，如 0.99 元、9.98 元等。消费者会认为这种价格经过精确计算，购买不会吃亏，从而产生信任感。同时，价格虽离整数仅相差几分或几角钱，但给人一种低一位数的感觉，符合消费者求廉的心理愿望。这种策略通常适用于基本生活用品。

2. 整数定价策略

整数定价与尾数定价正好相反，企业有意将产品价格定为整数，以显示产品具有一定质量。整数定价多用于价格较贵的耐用品或礼品，以及消费者不太了解的产品，对于价格较贵的高档产品，顾客对质量较为重视，往往把价格高低作为衡量产品质量的标准之一，容易产生“一分钱一分货”的感觉，从而有利于销售。

3. 声望定价策略

声望定价即针对消费者“便宜无好货、价高质必优”的心理，对在消费者心目中享有一定声望、具有较高信誉的产品制定高价。不少高级名牌产品和稀缺产品，如豪华轿车、高档手表、名牌时装、名人字画、珠宝古董等，在消费者心目中享有极高的声望价值，购买这些产品的人，往往不在意产品价格，而最关心产品能否显示其身份和地位，产品价格越高，其心理满足的程度就越大。

4. 习惯定价策略

有些产品在长期的市场交换过程中已经形成了为消费者所适应的价格，成为习惯价格。企业对这类产品定价时要充分考虑消费者的习惯倾向，采用“习惯成自然”的定价策略。对消费者已经习惯了的价格不宜轻易变动，降低价格会使消费者怀疑产品质量是否有问题，提高价格会使消费者产生不满情绪，导致购买的转移。在不得不提价时，应采取改换包装或品牌等措施，减少抵触心理，并引导消费者逐步形成新的习惯价格。

5. 招徕定价策略

这是为适应消费者“求廉”的心理，将产品价格定得低于一般市价，个别的甚至低于成本，以吸引顾客、扩大销售的一种定价策略。采用这种策略，虽然几种低价产品不赚钱，甚至亏本，但从总的经济效益看，由于低价产品带动了其他产品的销售，企业还是有利可图的。

6. 分档定价

分档定价，是指把同类商品比较简单地分成几档，每档定一个价格，以简化交易手续，节省顾客时间。例如，经营鞋袜、内衣等商品，就是从 ×× 号到 ×× 号为一档，一档一个价格。

四、差别定价策略

差别定价是指企业按照两种或两种以上不反映成本费用的比例差异的价格销售某种产品或服务。差别定价策略主要包括下述 4 种形式。

1. 顾客细分定价策略

顾客细分定价策略，是指企业按照不同的价格把同一产品或劳务卖给不同的顾客。

2. 产品式样定价策略

产品式样定价策略，是指企业对不同花色、品种、式样的产品制定不同的价格，但这个价格相对于它们各自的成本是不成比例的。

3. 地点定价策略

地点定价策略，是指企业对处于不同地点的同一商品制定不同的价格，即使在不同地点提供的商品成本是相同的。

4. 时间定价策略

时间定价策略，是指企业对于不同季节、不同时期甚至不同钟点的产品或服务分别制定不同的价格。

五、新产品定价策略

新产品定价策略主要包括撇脂定价策略和渗透定价策略。

1. 撇脂定价策略

撇脂定价策略是指在产品投放市场时定价高，争取在短时间内收回投资并取得高额利润。

一般而言，对于全新产品、受专利保护的产品、需求的价格弹性小的产品、流行产品、未来市场形势难以测定的产品等，可以采用撇脂定价策略。例如，圆珠笔在 1945 年发明时属于全新产品，成本 0.5 美元一支。可是发明者却利用广告宣传和求新求异心理，以 20 美元销售，仍然引起人们的争相购买。

2. 渗透定价策略

渗透定价策略是指企业把新产品的价格定得低一些，以吸引大量消费者，提高市场占有率。利用渗透定价的前提条件是，新产品的需求价格弹性较大，且新产品存在着规模经济效益。采用渗透定价的新产品应该有足够的市场购买规模。

对于企业来说，撇脂定价策略和渗透定价策略哪个最优不能一概而论，需要综合考虑价格、需求弹性、单位成本、技术秘密等多种因素才能确定。在定价实务中，往往要突破许多理论上的限制，通过对选定的目标市场进行大量调研和科学分析来制定价格。

新产品定价策略如图 4-4-1 所示。

比较项	撇脂定价策略	渗透定价策略
价格	高	低
需求弹性	小	大
单位成本	与销量关系不大	与销量关联度高
技术秘密	拥有专利	多个竞争者掌握

图 4-4-1　新产品定价策略

六、产品组合定价策略

产品组合定价策略是指处理本企业各种产品之间价格关系的经济策略。企业同时经营多种产品时，定价需着眼于整个产品组合的利润实现最大化，而不是单个产品。加之各个产品之间存在需求和成本上的联系，有时还存在替代、竞争关系，因此，实际定价的难度相当大。产品组合定价策略有利于同时增加各种商品销售量，是一种很好的增值方法，具体包含下述 5 种形式。

1. 产品线定价

产品线定价是根据购买者对同一产品线不同档次产品的需求，精选设计几种不同档次的产品和价格点。

2. 任选产品定价

任选产品定价即在提供主要产品的同时，还附带提供任选品或附件与之搭配。

3. 附属产品定价法

附属产品定价法是以较低价销售主产品来吸引顾客，以较高价销售备选和附属产品来增加利润。如美国柯达公司曾推出一种与柯达胶卷配套使用的专用照相机，价廉物美，销路甚佳，结果带动柯达胶卷销量大大增加，尽管其胶卷价格较其他牌号的胶卷昂贵。

4. 副产品定价法

在许多行业中，在生产主产品的过程中常常有副产品。如果这些副产品对某些客户群具有价值，必须根据其价值定价。副产品的收入多，将使公司更易于为其主要产品制定较低价格，以便在市场上增加竞争力。因此制造商需寻找一个需要这些副产品的市场，并接受任何足以抵补储存和运输副产品成本的价格。

5. 捆绑定价

捆绑定价是将数种产品组合在一起以低于分别销售时支付总额的价格销售。例如家庭影院的价格是大屏幕电视、DVD 影碟机、音响的捆绑定价。

如果出售的是产品组合，则可以考虑采取如下定价策略：

（1）搭配定价：将多种产品组合成一套定价。

（2）系列产品定价：不同档次、款式、规格、花色的产品分别定价。

（3）主导产品带动：把主导产品价格限定住，变化其消耗材料的价格。

（4）以附属品差别定价：根据客户选择附属品的不同而区别主导产品价格。

此外，定价时还要考虑价格心理因素，如折扣、价格尾数、优惠等。

材料2 价格调整与价格变动反应

一、企业降价与提价的原因分析

1. 企业降价的主要原因

（1）企业生产能力过剩，因而需要扩大销售，但是企业又不能通过产品改进和加强销售工作等来扩大销售。

（2）在强大竞争者的压力之下，企业的市场占有率下降。

（3）企业的成本费用比竞争者低。

2. 企业提价的主要原因

（1）由于通货膨胀，物价上涨，企业的成本费用提高，因此许多企业不得不提高产品价格。

（2）企业的产品供不应求，不能满足所有顾客的需求。

二、顾客对企业变价的反应

一般来说，购买者对于价值不同的产品的反应有所不同。对于那些价值高、经常购买的产品的价格变动较敏感，而对于那些价值低、不经常购买的小商品，即使单位价格较高，购买者也不大注意。

此外，购买者虽然关心产品价格变动，但是通常更关心取得、使用和维修的总费用。因此，如果卖主能使顾客相信某种产品取得、使用和维修的总费用较低，那么他就可以把这种产品的价格定得比竞争者高，取得较多的利润。

三、竞争者对企业变价的反应

价格变动的企业除了需要考虑顾客的反应之外，还不得不考虑竞争者对价格的反应。当牵涉的企业数量较少、产品是均质的、购买者对产品和销售者熟知的时候，竞争者就最有可能做出反应。

企业估计竞争者的可能反应至少可以通过两种方法：内部资料和统计分析。竞争者对企业变价的反应主要有以下两类：

（1）假设竞争对手采取老一套的办法来对付本企业的价格变动，那么就容易预计竞争者的反应了。

（2）假设竞争对手把每一次价格变动都看作新的挑战，并根据当时自己的利益做出相应的反应，那么企业将不得不弄清楚当时竞争者的自我利益。

四、企业对竞争者变价的反应

1. 调查研究竞争者的变价原因

面对竞争者的变价，企业必须认真调查研究以下问题：

（1）竞争者为什么变价。

（2）竞争者打算暂时变价还是永久变价。

（3）对竞争者变价置之不理将对企业市场占有率和利润有哪些影响。

（4）其他企业是否会做出反应。

（5）竞争者和其他企业对于本企业的每一个可能的反应又会有什么反应。

2. 不同市场环境下的企业反应

在同质产品市场上，如果竞争者降价，企业必须随之降价，否则顾客就会购买竞争者的产品，而不购买企业的产品；如果某一个企业提价，且提价对整个行业有利，其他企业也会随之提价，但是如果某一个企业不随之提价，那么最先发动提价的企业和其他企业也不得不取消提价。

在异质产品市场上，企业对竞争者变价的反应有更多的选择余地。因为在这种市场上，顾客选择卖主时不仅要考虑产品价格因素，而且要考虑产品质量、服务、性能、外观、可靠性等多方面的因素。因而，顾客对于较小的价格差异并不在意。

3. 市场领导者的反应

市场领导者对竞争者变价会有维持价格不变、降价、提价 3 种形式的反应。

受到竞争对手进攻的企业应变必须考虑的因素有：

（1）产品在其生命周期中所处的阶段及其在企业投资组合中的重要程度。

（2）竞争者的意图和资源。

（3）市场对价格和价值的敏感性。

（4）成本费用随着销量和产量的变化而变化的情况。

工作页

阅读以下资料，以小组为单位思考问号处如何填写。

注：以 KPI 指标为检查依据。

表 4-4-1 配送费用相关计算

指标项目	内容	衡量			
		计算公式	目标值	最低保证值	所占权重
订单准确率（A）	按客户订单及供应商到货情况为门店准确分拣、储运	准确处理的订单数量 / 处理的总订单数量	97%	90%	30%
订单准时率（B）	按双方制定的标准及到货周期准时把货品送达目的地	准时送达的订单数量 / 处理的总订单数量	97%	90%	40%
温控准确率（C）	按双方制定的温控标准在商品到货验收后至送达目的地期间全程执行标准	按温控标准执行的送货次数 / 总的送货次数	97%	90%	30%

表 4-4-1 对配送费用收取比率（D）关键履约指标的项目、项目内容、项目衡量公式、项目衡量目标值、项目衡量最低保证值和项目所占的比重进行了说明。

下面对配送费用收取比率（D）计算过程进行详细说明，见式（1）。

$$综合\ KPI=A\times30\%+B\times40\%+C\times30\% \tag{1}$$

用 D 表示配送费用收取比率，其计算公式如下：

$$D=实际\ A/A\ 项目标值\ \times A\ 所占权重+实际\ B/B\ 项目标值\ \times B\ 所占权重+实际\ C/C\ 项目标值\ \times C\ 所占权重 \tag{2}$$

将表 4-4-1 中的数据代入式（2），则配送费用收取比率为

$$D=?$$

有了上述配送费用收取比率（D），则可以对冷链配送业务物流服务费计算进行 KPI 应用研究。

下面给出 KPI 应用业务范围项目说明。

（1）配送中心仓库业务范围 KPI 项目，订单完成率、存货完好率、库存准确率、库温达标率，计算公式如下：

订单完成率 = 店铺订单未完成项（品）/ 订单总项（品）

存货完好率 = 报损数量 / 库存总数量

库存准确率 = 差异品项 / 库存总品项

库温达标率 = 温度达标次数 / 检查次数

（2）配送中心配送业务范围 KPI 项目，到店按时率、完整送货率、未交货损坏率、配送温度达标率，计算公式如下：

到店按时率 = 合格时间到店次数 / 应到店次数

完整送货率 = 完整交货次数 / 门店交货次数

未交货损坏率 = 门店交货次数 / 未交货损坏次数

配送温度达标率 = 温度在约定的特定温度范围内的配送次数 / 总配送次数

（3）配送中心信息服务业务范围 KPI 项目：文件传递正确率，计算公式如下：

文件传递正确率 = 正确传递文件数 / 应传递文件数

根据以上公式，结合各业务范围的具体作业量和表 4-4-2 中的数据得出下面的计算结果。

KPI（仓库）=?

KPI（配送）=?

KPI（信息服务）=?

表 4-4-2 KPI 表

KPI 的适用范围	计算项	KPI 值	权重	结果
仓库	店铺订单总项（品）	9703	25%	?
	店铺订单未完成项（品）	2		
	订单完成率	?%		
	库存总数量	1511202.13	25%	
	报损数量	28		
	存货完好率	?%		
	库存总品项（品）	982	25%	
	差异品项（品）	4		
	库存准确率	?%		
	检查次数	130	25%	
	温度达标次数	130		
	库温达标率	100%		
配送	应到店次数	157	25%	?
	合格时间到店次数	155		
	到店按时率	?%		
	门店交货次数	221	25%	
	完整交货次数	218		
	完整送货率	?%		
	未交货损坏次数	227	25%	
	门店交货次数	227		
	未交货损坏率	100.00%		

KPI 的适用范围	计算项	KPI 值	权重	结果
配送	温度在约定的特定温度范围内的配送次数	120	25%	?
	总配送次数	120		
	配送温度达标率	100.00%		
信息服务	应传递文件数	472	100%	?
	正确传递文件数	472		
	文件传递正确率	100.00%		

北京二商冷库对美诺餐饮集团的物流服务收取费用如表 4-4-3 所示，分别为仓储费、配送费、IT 费、人工费、营运费、管理费和利润，实际总收费为计费基数与 KPI 相乘之后的总和。计算过程中库房租金以时间为基数，按实际年 3% 递增。当燃油价上下浮动超过 5% 时，需重新核算单车配送费用。

表 4-4-3　物流服务收费（2021 年 9 月）

美诺项目收费

单位：元

类别	类型	费率	数量	月收费	2021 年	备注	计费基数	KPI 结果	收费
一、仓储费	常温库	0.7/（m^2·天）	700	14700	15595.23	库房租金按年 3% 递增	36660	-	?
	冷藏库	3/（托盘·天）	4	360	381.92				
	冷冻库	4.8/(托盘·天)	150	21600	22915.44				
二、配送费	配送	450 元 / 次	120			油价上下浮动超过 5%，双方可重新核算单车配送费用（以合同签订日油价为基准）	54000	99.34%	?
	机场取货	150 元 / 次	2				300		
三、IT 费	系统客制化			1766.67	1766.67		6586.33	100%	?
	模块使用费			500	500				
	端口费			600	600				
	光纤使用费			319.66	319.66				
四、人工费	固定费用（仓储正式员工）			14187.1	17166.39		56748.4	99.89%	?
	变动费用（合同工）			35	37	按月进出库货值总额（万元）核算	7700		
	变动费用			3.5	3.5				
五、营运费	（三＋四＋五）×5.5%								?

类别	类型	费率	数量	月收费	2021 年	备注	计费基数	KPI 结果	收费
六、管理费	（一＋二＋三＋四＋五＋六）×2%								?
七、利润	（三＋四＋五＋六）×5%								?
总收费									?

表 4-4-3 中各项收费的具体计算过程如下：

1）2021 年 9 月仓储 =?

2）2021 年 9 月配送 =?

3）2021 年 9 月 IT 费 =?

4）2021 年 9 月人工费 =?

5）2021 年 9 月营运费 =?

6）2021 年 9 月管理费 =?

7）2021 年 9 月利润 =?

综上，2021 年 9 月总收费为

总收费 =1）+2）+3）+4）+5）+6）+7）=?

可见，KPI 的目的是考核物流第三方企业营运作业的实绩，在加强其责任意识的同时，更加促进利润目标的达成。

项目评价表

考核项目	评分标准	总分值	得分值
知识掌握	1．了解物流成本的构成 2．掌握定价的方法和技巧 3．熟悉定价的影响因素 4．理解定价的策略	30	
能力提升	1．能够初步应用定价技巧进行合理定价 2．能够分析影响定价的因素 3．能够运用简单的定价策略	40	
职业素养	1．责任心强 2．良好的团队合作 3．安全守法 4．诚实守信 5．探索新知	30	
签字：	总分	100	
评语： 优势： 不足： 其他：			

项目5 物流传播策略

知识目标

➢ 掌握5种主要的传播路径及其特点。
➢ 掌握传播内容及其设计方法。
➢ 掌握广告计划包含的内容及其制订流程。
➢ 掌握传播策略的内容和工具。
➢ 掌握传播效果的评估指标及评估方法。

能力目标

➢ 能够辨析5种传播路径的优劣势。
➢ 能够设计传播内容及主体。
➢ 能够制订广告投放计划。
➢ 能够制定及执行传播策略。
➢ 能够进行传播效果评估并提出改进建议。

素质目标

➢ 具有良好的团队合作、沟通表达能力。
➢ 具有安全守法、诚信经营、责任担当、服务客户、精益求精的职业素养。
➢ 具有创新精神、劳动精神、劳模精神。

项目情境

京贸达物流有限公司成立于2006年，是一家主要经营信息咨询、仓储、运输、市内快递业务的物流服务性企业。自成立以来，公司从北京市市内快递及城际间中长途运输业务起步，逐步建立了稳定的客户服务群，在业内有良好的口碑和知名度。

公司始终坚持“用真诚赢得信誉，用信用保证效益”的企业经营理念，立足北京，扎根京津冀，延伸国内。公司长期以来，在实践与探索中建立健全了一套完整的物流管理体系，积累了丰富先进的管理经验，生成了新兴的运输理念，拓展了不同于货运代理的专线储运业务，大大减少了中间环节，降低了管理成本，以合理的收费优势为客户提供了满意的服务。2012年以来，京贸达物流不断投入资金加强公司的基础建设，积极研发和引进具有高科技含量的信息技术与设备，不断提升作业水平，实现了对仓储、市内快递全过程全环节的信息监控、跟踪、查询及资源调度工作，确保了服务质量的稳步提升，奠定了业内客户服务满意度的领先地位。2015—2018年公司连续被评为“北京市优质诚信企业”。在经营战略上，公司计划拓展更多满足客户需求的线路及业务。随着物流行业的快速发展以及电商企业对物流越来越高的要求，京贸达物流从2016年开始转型升级，在拓宽了配送网点的基础上，考虑加快库存周转率和提升仓储效率，对传统仓储条件进行了改造升级，增加了大量智能化仓储操作设备，例如分拣机器人、VR分拣设备、智能机械手臂和智能化WMS仓储管理软件。为了吸引更多的客户，目前市场部接到公司的任务，对仓储条件以及业务的内容进行大力宣传，增加公司的业务量，提升利润率。

任务 5.1 初识传播途径

你将拿到一张有5种传播途径介绍的概论表。请你在不同的学习站进行5种传播途径的理论知识学习，并且在学习过程中对重要知识点进行记录。

- 公共关系（文本）
- 赞助（图片）
- 产品植入（视频）
- 影响者营销（文本）
- 病毒式营销（互联网查询）

工作内容

你应当完成以下工作任务并将结果填入工作页表5-1-1中：

- 对5种传播策略进行简短定义及描述。
- 用关键词写出应用的可能性。
- 列出各自的优缺点并进行思考。
- 对适用性进行评价（无须阐述理由）。

学习材料

材料 传播途径的认识

1. 公共关系（文本阅读）

公共关系（Public Relations，PR）是指组织机构与公众环境之间的沟通与传播关系，促进公众对组织的认识、理解及支持，达到树立良好组织形象、促进商品销售目的等的一系列公共活动。

公共关系对象包括媒体、政府、社会公众、银行、竞争者、客户等外部公众和员工、股东等内部公众。

常见的公共关系活动包括新闻发布会、庆典活动、展览活动、公益活动、危机公关等。

公共关系是提升企业知名度和美誉度的关键手段和方式，是企业传播策略的重要内容。公共关系的特点是系统性、整体性、周期长、范围广、投入大、见效慢，相对于其他传播活动，规模大、影响力大、发展快速的企业或组织更多采用公共关系活动。

2. 赞助（图片）

请与在座的同学一起看发下来的材料，接下来共同讨论图 5-1-1 和图 5-1-2 的内容并进行填写。请思考，与其他可能的手段相比，赞助会带来什么，成本如何。

图 5-1-1　道达尔润滑油赞助雪铁龙达喀尔拉力赛

图 5-1-2　美孚润滑油赞助 F1 红牛车队

3. 产品植入（采用视频的方式）

产品植入是指把产品或服务融入电影、电视、短视频、游戏或舞台作品中的一种广告方式。相对于硬性广告，产品植入广告方式更容易被受众所接受。

4. 影响者营销（文本阅读）

影响者营销是在社交媒体中使用的一种市场策略，使广告信息借助于有知名度的人物向大的覆盖范围（用户数量）扩散。

在影响者营销中，企业利用高覆盖范围的意见领袖的名气达到传播和树立品牌形象的目的。通常影响者营销以扩大销售、提升知名度或改善品牌形象为目的。影响者将一个品牌或一个产品作为一个谈话的主题，向他的目标群体推荐，并为展示的品牌创建适合的内容。这种推荐行为可以在线上，如通过微博、论坛或社交媒体传播；同样可以在线下，如在事件和私人范围内进行。因此影响者营销是建立在口头宣传的有效、广泛传播的机制之上的。研究表明，与其他广告形式相比，个人推荐对消费者的行为和信任具有更大的影响力。目标群体是所有看相关微博、论坛、视频的人，尤其会引起忠实追随者的兴趣。

（1）优点。影响者营销可以很好地到达年轻和一直有支付能力的目标群体。直接面向目标群体个人，因为他们通常与意见领袖有认同感。目标群体对影响者有很大的信任感，影响者也由此影响着他的追随者，更何况还可以达到一个很大的覆盖范围。而这种形式并不让观众感觉到是明显的广告。

（2）缺点。覆盖范围是相对的，它仅限于影响者的追随者，只有很少人最终购买产品。而且这种形式还相当地成本密集，最终要支付给影响者很高的报酬。此外，这种形式不仅传递积极的形象，负面特性也会传递到产品上。一旦影响者有负面消息，那些无法忍受他的人就会回避产品。

5. 病毒式营销

病毒式营销也称病毒营销，是一种使用社交网络和媒体的营销形式，以一种出其不意或难以捉摸的消息引发人们对一个品牌、一个产品或一个宣传活动的关注。最著名的在网上进行病毒式传播的内容形式就是病毒视频。“病毒式”这个词说的是一个产品或服务的信息在最短的时间内，类似于生物病毒，从一个人传给另一个人。在病毒式营销中，人被用作一个内容（视频、图片、发帖）的自源的广告媒介，将这些内容通过社交媒体渠道以雪球效应扩散。在病毒式营销中，广告信息并不占主要地位。

病毒式营销发布信息的方法多种多样，例如明信片、视频或网络论坛的简短发言及微博。这些特意为互联网准备的方法被称为“病毒”。从最低的资金花费的角度来衡量，如果成功，其成效就是超比例的。

（1）适合的目标群体。适合病毒式营销的群体主要是网络发达的数字原生代。他们活跃在互联网中，穿梭在网络聊天、微博、论坛和社交网络中。

重要的是，对每一个行业都要进行一个目标群体分析，因为只有这样才能让一个目标群体与营销宣传活动达到最佳匹配。

（2）优点。病毒式营销成本低廉。营销渠道（社交媒体，如 Facebook 或微信朋友圈）免费提供，信息会到达无数潜在客户。重要的是，稿件可以持久保留，能够引发用户真正的正面情感，然后很快在网络中扩散，达到很大的覆盖范围。好的宣传活动、广告信息或微博发言也会在多年之后被重新翻出来，这样就会不断流通。

（2）缺点。内容是否真的起到了作用、是否引起了所希望的客户群体的兴趣，这并不能肯定。如果微博发言或广告信息未能引发正面的情感，而是释放出负面的情绪，就会损害形象。这种扩散也同样迅速，可能会对企业产生持久的伤害。此外还有难以检查、扩散无法控制等问题。

病毒式营销的成功因素很难预测，即使是一个考虑和计划很周全的宣传活动也无法保障宣传的长久性。

工作页

表 5-1-1　初识传播途径工作单

传播途径	简单定义	关键词	优点	不足	适用性
公共关系					
赞助					
产品植入					
影响者营销					
病毒式营销					

任务 5.2 制作传播内容

随着新技术新设备的应用，近年来物流仓储行业智能化发展非常快速，京贸达物流有限公司从 2016 年开始转型升级，对传统仓储条件进行了改造升级，增加了大量智能化仓储操作设备，例如分拣机器人、VR 分拣设备、智能机械手臂以及智能化 WMS 仓储管理软件。公司市场部计划举办仓库开放日活动，对仓储条件以及业务的内容进行大力宣传，转变公众对物流企业的印象，提升公司的知名度和美誉度，从而吸引更多的合作伙伴，增加公司的业务量，提升利润率。

你作为仓库负责人，请阅读材料 1 和材料 2，并制订一个在仓库举办的开放日活动的计划。

工作内容

1．请思考能够在仓库内举办哪些活动，是否可以邀请合作伙伴企业来展示自己（假设仓库门前的区域也可以使用）。

2．请思考仓库要展示什么，做一个活动计划书，完成工作页表 5-2-2，同时绘制成海报，完成工作页表 5-2-3。请同学们进行讲解。

学习材料

材料 1 活动计划书参考范文及学习网站

活动计划书范文一：

关于举办“感恩”厨艺比赛的通知

一、活动目的：此次比赛旨在丰富学生假期生活，全面发展自我，同时增加和亲人相互欣赏、互动交流的机会，充分展现大学生的风采。望同学们在假期之余也要热爱生活，充满希望。

二、活动主题：“厨艺劳动，感恩有我”。

三、活动时间：2022 年 7 月 × 日 19:00—21:00。

四、活动地点：腾讯会议（待定）。

五、组织单位：2021 级市场营销班。

六、参赛对象：2021 级市场营销班全体学生。

七、呈现方式：参赛作品可以是 PPT、视频、图片等，形式不限。每位同学 5 分钟，最后要有总结。

八、活动流程：

（一）主持人做开场宣讲。

（二）同学依次呈现作品。

（三）评委根据内容打分。

（四）根据评判标准分出一等奖、二等奖、三等奖。

（五）活动结束，班主任评价。

九、评委：

（一）教师评委：班主任老师。

（二）学生评委：班长、团支书、学生代表。

（三）主持人：文艺委员。

十、评判标准：总分 100 分，具体评分标准见表 5-2-1。

表 5-2-1 评分标准

序号	评分标准	分值
1	整个过程突出主题，内容真实	20
2	个人独立完成	20
3	菜品难易程度	20
4	色泽鲜艳明亮	20
5	味道香美可口	20

十一、奖项设置：

评委根据评选标准打分，最终评选出：

（一）一等奖 1 名：100 元人民币。

（二）二等奖 2 名：每名 50 元人民币。

（三）三等奖 3 名：每名 20 元人民币。

（四）优秀奖 17 名：每名 10 元人民币。

十二、注意事项：

（一）制作菜品过程中注意自身安全。

（二）菜品及数量无要求，拿手菜即可。

（三）评分标准 5 中，味道可由家长合理判断。

（四）时间要把握到位。

2021 级市场营销班

2022 年 7 月 13 日

活动计划书范文二：

一、活动主题：娱乐影视快乐配音。

二、活动目的：丰富大学生课余文化生活，打造文化校园。

三、活动时间和地点：11 月 18 日 18:30—21:00（下周三），地点另行通知。

四、组织部门：法学院学生会素质拓展部。

五、活动对象：法学院 2020 级和 2021 级各班级。

六、比赛内容：

（一）比赛要求

1. 本次大赛为中文类配音大赛，每位或每组参赛同学可自由选择影视作品参加比赛，大赛会在综合评比中评出优胜者。

2. 每班需出两支队伍参赛。每组成员 1 ～ 5 人，片长 5 ～ 10 分钟，总台词不少于 30 句。

3. 各参赛同学或团队可任意选择自己喜欢的影视作品配音片段，选手自行剪辑参赛片段。

4. 影片内容需积极向上，无消极反动思想，符合主题。

5. 比赛中要用到的配音片段内容一定要提前通知承办方，并根据需要自行对材料进行对白消音。

6. 选手赛前 30 分钟到场，以利于比赛工作顺利进行。

7. 遵守比赛纪律及比赛规则，服从大会工作人员安排，尊重评委评判。如果有不同意见，请赛后与组委会联系。

（二）比赛流程

1. 比赛不设初赛、预赛，各选手直接参与决赛。

2. 比赛当天抽签决定出场顺序。

3. 每当一组选手配音结束，评委对其进行打分，分数在下一组选手配音结束后报出。

4. 汇总分数，宣布获奖名单。

5. 本次大赛将评出一等奖、二等奖、三等奖各一个，一个单项奖，即最佳配音奖。

（三）嘉宾评委选择

待定。

（四）评分标准

总分 100 分，每 10 分为一个分数级。

个人评分标准：语音语调占 30%，清晰流利占 30%，情感表现占 20%，创新占 20%。

团体评分标准：语音语调占 20%，清晰流利占 20%，情感表现占 20%，创新占 20%，团队配合占 20%。

七、观众安排：每班预定 5 名观众，多者不限。

2022 年 11 月 3 日

材料 2　海报样张及学习网站

海报参考样张：

1．文化活动海报

2．节日活动海报

3．促销活动海报

4．企业宣传海报

工作页

表 5-2-2　开放日活动计划书

开放日活动计划书	
背景说明：	
活动主题：	
活动目的：	
活动时间与地点	
时间	地点
活动对象：	
活动具体内容：	
其他：	

表 5-2-3　开放日活动海报工作单

开放日活动海报
注意事项：海报主题、海报信息、海报选用照片或图案、海报文字、海报色调、海报布局、海报尺寸与比例。

任务5.3 制订广告计划

在企业实习的明达要学习物流企业的广告业务。现在明达首先要对理论部分，如广告信息、广告种类、广告手段、广告媒介、广告经费、传播时间和传播范围有所了解，再完成企业交给的工作任务。

这部分学习分为个人学习和小组学习。

工作内容

1. 请安静地自己阅读材料1至材料5，画出最重要的信息并向同学转述。如果有疑问，请写在记录工作页表5-3-1中。

2. 在小组中，每个人发言讲解自己阅读的领域，并把发言内容填入工作页表5-3-2中。

3. 小组发言结束以后，请同学们进行交流学习，并将学习结果以思维导图的方式填写在工作页图5-3-1广告计划思维导图里。

采用小组拼图法，每个同样主题的小组派出一位同学，重新组成新小组，相互交流5个主题的内容，进行广告理论知识的学习。

4. 按照先前课程中小组的物流业务发展计划给出新业务的广告思路，并以海报的形式记录在工作页表5-3-3中。

学习材料

材料1 广告信息

广告信息指的是要告诉给消费者的内容（例如某个产品特性）。这里必须注意广告的以下基本原则：

（1）明确性和真实性：广告应易于理解，并且不包含不实的内容。

（2）有效性：广告应通过满足广告受众的购买需求来达到实际的广告目的。必须事先准确确定目标群体。

（3）效益性：通过广告返回的收益必须高于付出。

（4）易记性：同类型的风格（颜色、符号）和定期重复会在受众中产生一种再识别效应。

请准备好并能熟练地向你的同学讲解材料1中广告信息的相关内容。如果你还有存疑，请记录在材料1至材料5的学习存疑记录表中。

材料2 广告的种类、广告主与受众

一般来讲，一家企业单独负责广告（即独立广告）。在特定情况下，例如购物中心，

会由多家企业共同实施广告活动（即合作广告）或整个经济行业（例如“荷兰奶酪”）作为广告主出现（即联合广告）。

此外还必须明确应该将哪个目标群体（即传播范围）作为受众。如果广告有目的地面向个人或企业，就称为直接广告；如果面向多数的受众，就称为大众广告。大众广告还可以再次向下细分，是针对某个特定群体例如吸烟者的广告（即有目的的大众广告）还是面向普罗大众的广告（即传播性大众广告）。

请准备好并能熟练地向你的同学讲解材料 2 中广告信息的相关内容。如果你还有存疑，请记录在材料 1 至材料 5 的学习存疑记录表中。

材料 3　广告手段和广告媒介

广告手段是用来呈现广告信息的传播手段。根据所触及的感官不同，广告手段可分为视觉广告手段（例如海报、橱窗装饰、启事、E-mail）、听觉广告手段（例如收音机广告、广告演出）、味觉广告手段（例如试吃）、嗅觉广告手段（例如香水试用）。

混合式广告手段尤其具有广告效果，因为它触及人类的不同感官（例如广告电影）。

广告媒介的概念是指广告手段所在的，用其进行广告宣传的媒体。重要的是，广告媒介必须与目标群体有联系。在采取广告启事这个手段时，媒介是报纸。广告媒介还有收音机、电视、橱窗、海报墙、人、交通工具、互联网等。

请准备好并能熟练地向你的同学讲解材料 3 中广告信息的相关内容。如果你还有存疑，请记录在材料 1 至材料 5 的学习存疑记录表中。

材料 4　广告经费

在广告手段的资金支出方面可分为顺周期广告和逆周期广告。在周期性广告中，广告的费用取决于企业的资金状况。也就是说，销售额增长广告费用就会增加，销售额下降广告费用就相应减少。而逆周期广告通常用于销售额下降时，广告手段及随之而来的资金支出就上升，一旦销售额提高，就降低广告费用。

请准备好并能熟练地向你的同学讲解材料 4 中广告信息的相关内容。如果你还有存疑，请记录在材料 1 至材料 5 的学习存疑记录表中。

材料 5　传播时间和传播范围

在制订传播时间计划时就会涉及确定一个广告应执行多长时间（持续时间）及何时执行（时间点）。从以上角度可以基本分为 3 种可能：①一次性及时间范围有限的广告；②定期广告（如每天或每周）；③不定期间隔的广告。

传播范围（即广告推广范围）是广告应当执行的范围和区域，例如城市、国家。

请准备好并能熟练地向你的同学讲解材料 5 中广告信息的相关内容。如果你还有存疑，请记录在材料 1 至材料 5 的学习存疑记录表中。

工作页

表 5-3-1 材料 1 至材料 5 学习存疑记录表

材料 1 存疑：
材料 2 存疑：
材料 3 存疑：
材料 4 存疑：
材料 5 存疑：
其他问题：

表 5-3-2　发言记录表

A 同学发言：
B 同学发言：
C 同学发言：
D 同学发言：
E 同学发言：
F 同学发言：

广告计划思维导图，如图 5-3-1 所示。

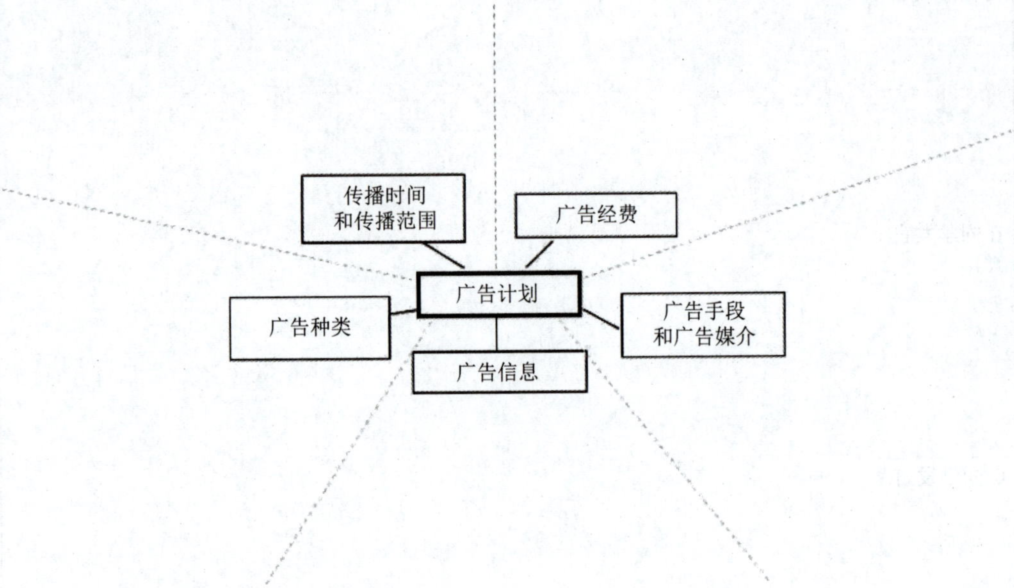

图 5-3-1　广告计划思维导图

表 5-3-3　新业务广告思路记录表

<table>
<tr><td colspan="10">主要内容：</td></tr>
<tr><td colspan="10">广告目的：</td></tr>
<tr><td colspan="10">广告对象：
对象一：
对象二：
对象三：</td></tr>
<tr><td colspan="10">广告信息：</td></tr>
<tr><th colspan="10">广告种类</th></tr>
<tr><td colspan="2"></td><td colspan="2"></td><td colspan="2"></td><td colspan="2"></td><td colspan="2"></td></tr>
<tr><th colspan="10">广告手段和媒介</th></tr>
<tr><td colspan="5">手段：</td><td colspan="5">媒介：</td></tr>
<tr><th colspan="10">广告时间与地点</th></tr>
<tr><td colspan="5">时间：</td><td colspan="5">地点：</td></tr>
<tr><td colspan="10">广告预期效果：</td></tr>
<tr><td colspan="10">其他建议：</td></tr>
</table>

任务 5.4 广告策略实施

欧亚速递物流有限公司位于德国慕尼黑，近几年物流业务发展快速，公司 CEO 施罗德先生想通过加大广告投入（计划连续 3 年每年投入 10 万欧元）提升欧亚速递物流有限公司在全德国境内的知名度，从而为公司在全国乃至全世界拓展业务奠定基础。

市场总监默克尔小姐富有经验且行动快速，她了解到不同广告媒介和广告投放方式的费用差别极大，分析了公司的经营特点和优势（材料 1），收集了不同广告媒介的成本信息（材料 2），为欧亚速递物流有限公司制定能达成广告效果且具有性价比的广告计划提供决策依据。

工作内容

1．你是公司的品牌经理，模仿季度广告计划模板（材料 3），请你根据公司的广告目标和决策依据制订欧亚速递物流有限公司的年度广告计划。在制订年度广告计划时需要考虑以下要素：

（1）广告目标。

（2）广告手段和广告媒介受众人群。

（3）不同媒介覆盖范围和传播时段的效果。

（4）控制广告计划的总成本。

注：广告计划各要素所做的决策相互匹配，并给出充分的理由。

2．请你推荐合适的人选向公司领导汇报年度广告计划，把汇报推荐人选及推荐理由记录在工作页表 5-4-8 中。

学习材料

材料 1 欧亚速递物流有限公司经营优势

（1）物流服务性价比高。

（2）物流服务流程规范周到。

（3）物流服务站点多，联系方式便利。

（4）公司员工的服务态度好、形象好。

（5）公司拥有自营的车队和直营物流服务站。

（6）公司的运输车辆外观美观醒目。

材料 2 不同广告媒介的成本信息

1．报纸和杂志的广告启事

印刷媒体上的一则广告的生产成本（设计和制作）为一次性 5000 欧元。不同印刷媒体每则广告价格见表 5-4-1。

表 5-4-1　不同印刷媒体每则广告价格

印刷媒体种类	订阅量（约）	发行频率	每则广告价格 / 欧元	
			1/8 版面	1/2 版面
跨地区报纸 （例如《南德日报》）	1300000	周一至周六	14000	35000
地区性报纸 （例如《巴登日报》）	130000	周一至周六	2500	10000
其他杂志 （例如《家居与休闲》杂志）	800000	每月	8000	18000

2. 电视广告

一段时间为 30 秒广告片的生产成本（设计与制作）为一次性 10000 欧元。不同电视媒体每则广告费用见表 5-4-2。

表 5-4-2　不同电视媒体每则广告费用

电视媒体种类	播出时间	每则广告费用（30 秒）/ 欧元
由私人主要传媒机构播出 （例如 RTL）	晚间节目 20 点起	45000
	下午节目	20000
由国家主要传媒机构播出 （例如德意志中央电视台）	任意	16000

3. 收音机广告

时长 60 秒的音频广告的生产成本（设计与制作）为一次性 1600 欧元。不同电台媒体 30 秒广告时段费用见表 5-4-3。

表 5-4-3　不同电台媒体 30 秒广告时段费用

电台媒体种类	播出时间	30 秒广告时段 / 欧元
本地电台	黄金时间 （通勤 & 工作时间）	520
	非黄金时间	240
跨地区电台（例如西南 3 台）	黄金时间 （通勤 & 工作时间）	5800
	非黄金时间	2800

4. 折页和广告信函

折页成本见表 5-4-4。

表 5-4-4　折页成本

成本组成	份数	彩色 / 欧元	黑白 / 欧元
制作	500	100	70
邮费	500	50	50
总成本	500	150	120

广告信函成本见表 5-4-5。

表 5-4-5 广告信函成本

成本组成	封数	彩色 / 欧元	黑白 / 欧元
制作	500	125	95
邮费	500	150	150
总成本	500	275	245

5. 海报广告（市区范围大面积）

海报成本见表 5-4-6。

表 5-4-6 海报成本

每件制作成本 / 欧元	100	—
海报的安装和拆除、海报载体的租金 / 欧元	13500	每 30 天
一张海报总成本 / 欧元	13600	每 30 天

说明：以上列举的价格仅为虚构价格。比如周末的电视广告要比工作日贵得多。

材料 3 欧亚速递物流有限公司季度广告计划模板

欧亚速递物流有限公司季度广告计划模板（12—2 月）见表 5-4-7。

表 5-4-7 欧亚速递物流有限公司季度广告计划模板（12—2 月）

已知信息			
广告经费			
广告目的			
目标群体			
您的决策			
广告手段和媒介	传播范围和时间	理由	产生的费用

工作页

表 5-4-8　年度广告计划汇报人推荐表

推荐人选	推荐人选 1	推荐人选 2	推荐人选 3
姓名			
岗位			
职务			
汇报思路			
排序			
推荐理由			
其他			

项目评价表

<table>
<tr><th>评价标准</th><th>个人评价 /%</th><th>小组评价 /%</th><th>教师评价 /%</th></tr>
<tr><td>知识掌握：
掌握 5 种主要的传播路径及其特点
掌握传播内容及其设计方法</td><td></td><td></td><td></td></tr>
<tr><td>能力提升：
能够设计传播内容
能够制订广告投放计划
能够进行传播效果评估</td><td></td><td></td><td></td></tr>
<tr><td>职业素养：
具有良好的团队合作、沟通表达能力
具有创新精神和客户服务意识</td><td></td><td></td><td></td></tr>
<tr><td colspan="4">评语：

优势：

不足：

其他：

</td></tr>
</table>

项目 6　物流分销渠道策略

知识目标

➢ 掌握分销渠道的概念。
➢ 掌握评价不同渠道策略的标准和流程。
➢ 掌握渠道设计的理论及影响因素。
➢ 掌握渠道合作伙伴的类型分类。
➢ 掌握渠道合作伙伴谈判及选择流程。

能力目标

➢ 能够分析当前渠道的特点及其优劣势。
➢ 能够对渠道进行全新设计及调整。
➢ 能够制订与渠道合作伙伴的谈判计划。
➢ 能够评价并选择合适的渠道合作伙伴。

素质目标

➢ 具有良好的团队合作、沟通表达能力。
➢ 具有安全守法、诚信经营、责任担当、服务客户、精益求精的职业素养。
➢ 具有创新精神、劳动精神、劳模精神。

项目情境

京贸达物流有限公司成立于 2006 年，是一家主要经营信息咨询、仓储、运输、市内快递业务的物流服务性企业。自成立以来，公司从北京市市内快递及城际间中长途运输业务起步，逐步建立了稳定的客户服务群，在业内有良好的口碑和知名度。

京贸达物流有限公司通过优良的服务赢得信誉，让客户体会到服务第一、客户至上，公司的每一位员工都以最大的热情服务于每位客户。公司车辆一流，运力雄厚，管理严谨，已造就了一支精力充沛、经验丰富的员工队伍。公司管理严格按照 ISO9002 质量体系标准，进行“PDCA”式循环质量管理，全员参与，全面透彻，互相监督，全程监控。公司始终坚持“以客户为中心”的服务理念，坚持以“安全高效准确即时”为服务目标，坚持“用真诚赢得信誉，用信用保证效益”的企业经营理念，立足北京，扎根京津冀，延伸国内。

公司长期以来，在实践与探索中建立健全了一套完整的物流管理体系，积累了丰富先进的管理经验，生成了新兴的运输理念，拓展了不同于货运代理的专线储运业务，大大减少了中间环节，降低了管理成本，以合理的收费优势为客户提供了满意的服务。

2012 年以来，京贸达物流不断投入资金加强公司的基础建设，积极研发和引进具有高科技含量的信息技术与设备，不断提升作业水平，实现了对仓储、市内快递全过程全环节的信息监控、跟踪、查询及资源调度工作，确保了服务质量的稳步提升，奠定了业内客户服务满意度的领先地位。

2015—2018 年，公司连续被评为“北京市优质诚信企业”。

在经营战略上公司计划拓展更多满足客户需求、符合城市发展的经营业务。

任务 6.1　分销渠道岗位初体验

工作内容

你是京贸达公司渠道管理部的一位实习生，为了更好更快地适应渠道管理岗位工作，现在需要对京贸达物流有限公司的经营情况，特别是分销渠道现状有所了解。

1. 请仔细阅读京贸达公司企业概况并标记重要信息；请仔细阅读材料 1，了解京贸达公司分销渠道现状，用三句话简短概括并填入工作页表 6-1-1 中。

2. 为更好地完成任务，你获得了内部经营资料和数据（材料 2 和材料 3）。请根据给出的材料设计一张有创意的海报，对企业的分销渠道现状进行可视化呈现，完成工作页表 6-1-2。

3. 结合工作页表 6-1-1 和表 6-1-2，根据文本信息，请每个小组成员分别用 3 个关键词描述企业初始情境和实习工作期间个人的主要工作任务，讨论汇总并记录在工作页表 6-1-3 中。

学习材料

材料 1　京贸达公司分销渠道现状

京贸达公司主要开展的物流业务包括工业产品运输服务、消费品运输服务。与其他物流公司，如空运、船运、铁路运输、公路汽车运输等企业有紧密的合作关系，服务对象涉及生产企业、最终消费者、物流企业、商业批发和零售企业等。但是在分销策略上，目前公司是零层渠道，物流服务业务没有发展代理商和经销商，公司直接面对客户服务。

目前公司正在进行企业分销渠道发展规划，日常工作中会不断有新业务涌现，需要企业调整和完善分销渠道，做好物流服务。

京贸达公司现有的分销渠道是根据老客户的业务需求设计的，公司往往是来什么任务便用什么渠道，没有前瞻的计划与设计，只是被动适应物流服务业务快速发展的需求。公司层面缺乏分销渠道发展战略，执行层面缺乏专业的渠道设计、渠道管理、渠道销售人才，业务层面对物流业务发展、物流渠道变化、客户需求变化缺乏深入研究和投入。

材料 2 京贸达公司分销渠道长度

目前京贸达公司的分销渠道为零层渠道。

1. 消费品的分销渠道层次

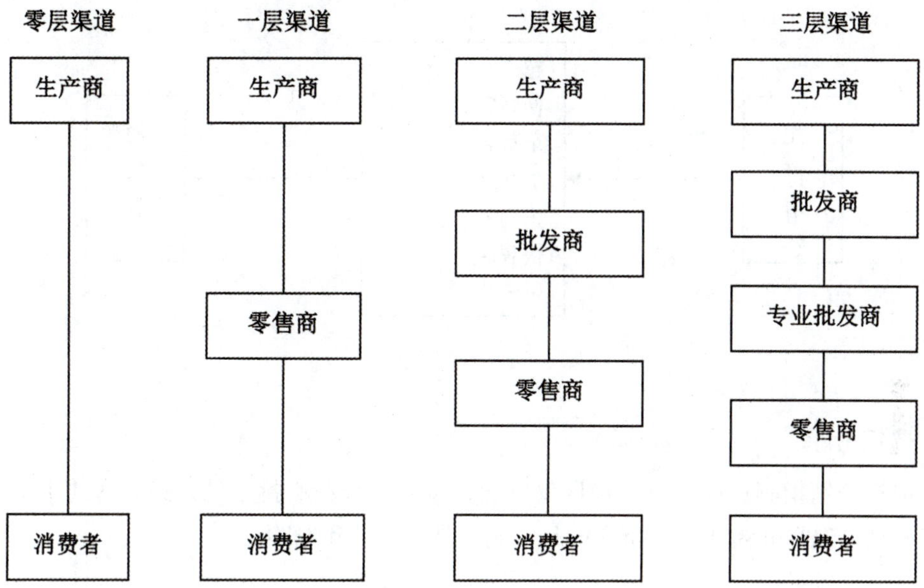

2. 工业品的分销渠道层次

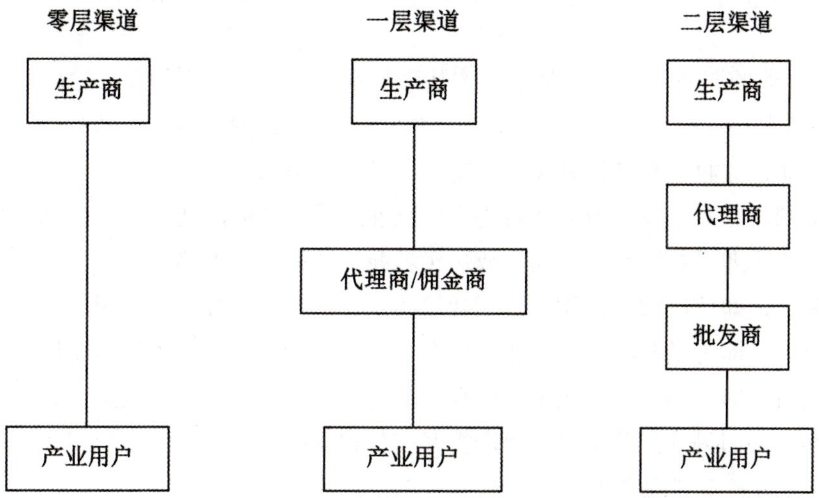

材料 3 京贸达公司分销渠道宽度

一、密集分销

尽可能地通过许多负责任的、适当的批发商、零售商推销其产品，如图 6-1-1 所示。

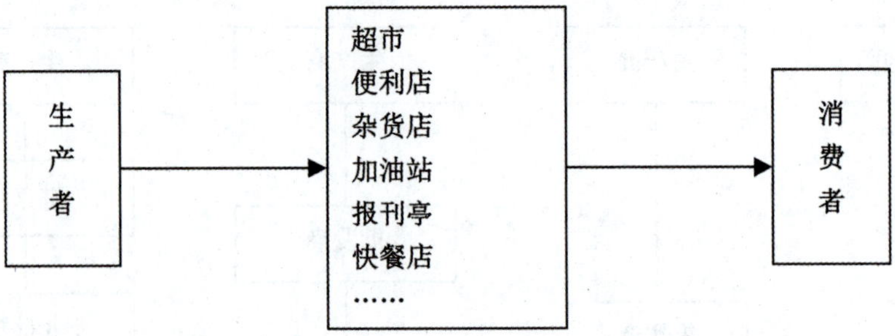

图 6-1-1 密集分销流程

二、选择分销

选择分销指制造商在某一地区仅仅通过少数几个精心挑选的、最合适的中间商推销其产品。选择分销适用于所有产品，尤其是特殊品和选购品。

三、独家分销

制造商在某一地区仅选择一家中间商推销其产品。通常双方协商签订独家经销合同，规定经销商不得经营竞争者的产品以便控制经销商的业务经营，调动其经营积极性，占领市场。

物流企业的服务绝不仅仅是把货物从甲地运输到乙地这么简单，它的职能非常丰富，是联结生产者和消费者或用户的桥梁和纽带，主要包括：

- 调研，即收集制订计划和进行交换所必需的信息。
- 促销，即对中间商或消费者进行说服性、教育性的沟通。
- 接洽，即寻找潜在的中间商或购买者并与其进行有效的沟通。
- 配合，即使所供产品符合购买者需要，包括制造、分等、装配、包装等活动。
- 谈判，即为了转移所供货物的所有权而就其价格及有关条件达成最后协议。
- 物流，即从事产品的运输、储存、配送。
- 融资，即为补偿分销成本而取得并支付相关资金。
- 风险承担，即承担与渠道工作有关的全部风险。

为了满足各种客户需求，目前京贸达公司的物流服务覆盖范围很广。

工作页

表 6-1-1　京贸达公司分销渠道现状分析表

京贸达公司分销渠道现状 1：   京贸达公司分销渠道现状 2：   京贸达公司分销渠道现状 3：   其他：

表 6-1-2 京贸达公司分销渠道现状海报

结合企业的属性和特点，海报中要体现的内容包括分销渠道现状、渠道长度、渠道宽度等。

表 6-1-3 企业初始情境和实习期间个人工作任务表

组员	企业初始情境	个人主要任务
组员 1	1. 2. 3.	1. 2. 3.
组员 2	1. 2. 3.	1. 2. 3.
组员 3	1. 2. 3.	1. 2. 3.
组员 4	1. 2. 3.	1. 2. 3.
组员 5	1. 2. 3.	1. 2. 3.
小组讨论汇总意见	1. 2. 3.	1. 2. 3.

任务6.2 认识分销渠道

明达正与同事一起讨论京贸达有限公司的分销现状，希望对公司分销渠道的特点、优势、不足进行归纳和整理，由于明达还从未有过分销渠道相关工作的经验，因此向自己的职业学院渠道管理课程任课老师求助。老师把分销渠道相关的学习资料交给明达，并建议明达先掌握分销渠道的基本概念，然后再结合公司的物流业务发展情况和分销渠道现状开展下一步工作。

工作内容

1．请仔细阅读材料 1 并标记最重要的信息，将自己已理解并能向邻桌同学准确讲述的信息记录在工作页表 6-2-1 中，将自己不确定或者有疑问的信息（即未掌握的信息）记录在工作页表 6-2-2 中。

2．请与邻座同学轮流解释各个概念，在此过程中共同讨论不懂的问题。

3．老师随机抽检同学进行复述，并对理解不正确的关键概念进行纠正。结合同学的讨论和老师的讲解，把最新理解的概念记录在工作页表 6-2-3 中。

学习材料

材料　分销渠道相关概念

营销渠道是指在制造商的产品或劳务从制造商向消费者转移的过程中，参与这种货物或劳务的所有权谈判的所有企业和个人。在市场营销理论中，有两个跟渠道有关的术语经常不加区分地交替使用，这就是市场营销渠道和分销渠道。

市场营销渠道是指协同生产、分销和消费某一生产者的产品或服务的企业和个人，包括这些产品的供产销过程中所涉及的所有企业和个人。

分销渠道也称贸易渠道，是指促使产品或服务顺利地被使用或消费的一整套相互依存的组织，包括商品转移时取得商品或劳务所有权或帮助转移所有权的全部企业和个人。

菲利普 • 科特勒认为：“一条分销渠道是指某种货物或劳务从生产者向消费者移动时取得这种货物或劳务的所有权或帮助转移其所有权的所有企业和个人。”因此，一条分销渠道主要包括经销中间商（因为他们取得所有权）和代理中间商（因为他们帮助转移所有权）。此外，它还包括作为分销渠道的起点和终点的生产者和消费者。但是，它不包括供应商、辅助商等。

肯迪夫和斯蒂尔给分销渠道的定义是，分销渠道是指“当产品从生产者向最终消费者或产业用户移动时，直接或间接转移所有权所经过的途径”。

科特勒认为，严格地讲，市场营销渠道和分销渠道是两个不同的概念。他说：“一条市场营销渠道是指那些配合起来生产、分销和消费某一生产者的某些货物或劳务的所有企业和个人。”这就是说，一条市场营销渠道包括某种产品的供产销过程中所有的企业和个人，如资源供应商、生产者、商人中间商、代理中间商、辅助商（又称“便利交换和实体分销者”，如运输企业、公共货栈、广告代理商、市场研究机构等）、最终消费者或用户等。现在市场营销渠道和分销渠道这两个概念经常混用。

物流产品渠道是指物流服务从物流服务提供者向消费者移动时取得这种服务的所有权或帮助转移其所有权的所有企业和个人，即物流服务从供应商向客户转移所经过的通道。物流产品渠道成员包括运输企业、货主、仓库、货运站场以及各种中间商和代理商，起点是物流企业，终点是对物流服务有需求的货主，中间环节包括车站、码头、机场等站场组织，航运代理、货运代理、航空代理、船务代理以及受物流公司委托建立的售票点、揽货点等代理商，铁路、公路、水路、航空运输公司等联运公司。

物流产品渠道主要有以下特点：

（1）层次少。物流服务与其他产业的产品不同，突出的特点是产品的生产与消费同时发生，所以在分销渠道的层次上，物流服务的分销渠道绝大多数为零层渠道，即直接分销渠道，亦即产品从生产者流向最终消费者的过程中不经过任何中间商转手的分销渠道。

（2）可控性强。正由于物流服务分销渠道具有层次少的特点，因此在日常的运作过程中，物流企业可以对自身产品的营销进行直接控制，不像其他产品的营销活动一样受其他因素影响过大。

物流企业的分销渠道系统是渠道成员之间形成的相互联系的统一体系，这一体系的形成是物流运作一体化的产物。

物流服务分销渠道系统主要包括垂直营销系统和水平营销系统。

（一）垂直营销系统

垂直营销系统是近年来渠道发展中最重大的发展之一，它是作为对传统营销渠道的挑战而出现的。传统营销渠道由独立的生产者、批发商和零售商组成，渠道中每个成员都作为一个独立的经济实体追求利润最大化，即使是以损害系统整体利益为代价。没有一个渠道成员能够对其他成员拥有全部的或者足够的控制权。

麦克康门把传统渠道描述为“高度松散的网络，其中制造商、批发商和零售商松散地联结在一起，相互之间进行不亲密的讨价还价，对于销售条件各执己见，互不相让，所以各自为政，各行其是”。

垂直营销系统则相反，它是由生产者、批发商和零售商所组成的统一系统，某个渠道成员拥有其他成员的产权，或者是一种特约经营关系，或者这个渠道成员拥有相当实力，其他成员愿意合作。垂直营销系统可以由生产商支配，也可以由批发商或者零售商支配。垂直营销系统的特点是采用专业化管理、集中计划，销售系统中的各成员有共同的利益目标，都采用不同程度的一体化经营或联合经营。

垂直营销系统有利于协调渠道的整体行动，消除渠道成员为追求各自利益而造成的冲突，能够通过其规模、谈判实力和重复服务的减少而获得效益。垂直营销系统主要有以下形式：

（1）公司式垂直营销系统。公司式垂直营销系统指一家公司拥有和统一管理若干工厂、批发机构、零售机构，控制分销渠道的若干层次，甚至整个分销渠道，综合经营生产、批发、零售业务的系统。这种渠道系统又分为两类：工商一体化经营系统和商工一体化经营系统。工商一体化是指大工业公司拥有和统一管理若干生产单位和商业机构，采取工商一体化经营方式。例如美国凡士通轮胎橡胶公司拥有橡胶种植园、轮胎制造厂，还拥有轮胎的批发机构和零售机构，其销售门店（网点）遍布全美国。商工一体化是指由大零售公司拥有和管理若干生产单位的系统，如美国零售业巨头沃尔玛、星巴克等拥有和统一管理若干批发机构、工厂等，采取商工一体化经营方式，综合经营零售、批发、加工生产等业务。

（2）管理式垂直营销系统。在西方国家，许多制造商（即使是某些大制造商）不能耗费巨资建立推销其产品所需要的全部商业机构，因此有些大制造商为了实现其战略计划，往往在销售促进、库存供应、定价、商品陈列、购销业务等问题上与零售商协商一致，或予以帮助和指导，与零售商建立协作关系，这种渠道系统叫作管理式垂直营销系统。如美国卡夫食品有限公司积极改善产品包装，广泛开展销售促进活动，对食品杂货商提供购销业务指导，帮助他们改进商品陈列。

（3）合同式垂直营销系统。合同式垂直营销系统指不同层次的独立制造商和经销商为了获得单独经营达不到的经济利益，以要约为基础实行的联合体，即特许经营组织。它主要分为以下 3 种形式：

1）特许经营方式。这种渠道系统也可分为 3 种方式。

①制造商倡办的零售商特许经营和代理商特许经营。零售商特许经营多见于消费品行业，代理商特许经营多见于生产资料行业。如奥迪公司对经销自己产品的代理商、经销商给予买断权的卖断权，即奥迪公司与某个经销商签订销售合同后，赋予经销商销售本公司产品的权利而不再与其他经销商签约，同时也规定该经销商只能销售奥迪品牌的汽车，实行专卖，避免了经营相同品牌汽车的经销商为抢客户而竞相压价，损害公司名誉。

②制造商倡办的批发商经营系统。该方式大多出现在饮食业，例如美国可口可乐、百事可乐与某些瓶装厂商签订合同，授予其在某一地区分装的特许权，以及向零售商

发运可口可乐、百事可乐的特许权。

③服务企业倡办的零售商特许经营系统。该方式大多出现于快餐业，如肯德基。

与公司自建渠道相比，通过特许经营方式实施扩张有两大优势。首先，由于被许可方支付了大部分资金，因而可以实现迅速的扩张。唯一的局限就是需要实施必要的控制，如选择申请人、新店选址、确保经营的一致性等。其次，特许经营可找到更多认真负责的人来经营，因为特许方式下的门店经营业绩与经营者个人利益密切相关。

2）批发商倡办的自愿连锁。这种自愿连锁和西方国家零售商业中的一般连锁商店不同。

首先，自愿连锁（又叫契约连锁）是若干独立中小零售商为了和连锁商店这类大零售商竞争而自愿组成的联营组织，参加联营的各个中小零售商仍保持自己的独立性和经营特点。而连锁商店是属于一家大零售企业所有的某种类型的零售商店（如百货商店、超级市场等）集团，这些零售商店是这家大零售企业的分店和联号。

其次，在自愿连锁模式下，参加联营的各个独立中小零售商要在采购中心的统一管理下统一进货、分别销售，实行“联购分销”，联营组织还会为各个成员提供各种服务。而连锁商店是由总公司设中央采购处，连锁商店本身是零售组织。

再次，西方国家的自愿连锁通常是由一个或一个以上独立批发商倡办的。例如，德国的自愿连锁是由一个独立批发商和一群独立中小零售商组织的；英国、比利时的自愿连锁是由一个或一个以上独立批发商和一群独立中小零售商组织的。这些独立批发商为了和大制造商、大零售商竞争，维护自己的利益，帮助与其有业务往来的一群独立中小零售商组成自愿连锁，统一进货，推销批发商经营的商品。

3）零售商合作社。零售商合作社是一群独立中小零售商为了和大零售商竞争而联合经营的批发机构（每一个参加联营的独立中小零售商要缴纳一定的股金），各个成员通过这种联营组织，以共同名义统一采购一部分货物（向国内外制造商采购），统一进行宣传广告活动以及共同培训职工等，有时还联合进行某些生产活动。

例如，荷兰中小零售商组成“采购联营组织”，直接向国外订购货物，并有自己的仓库，这种组织实际上是中小零售商联合经营的进口批发机构；瑞典的 ICA 是由 5000 多家零售商联合经营的批发机构；美国联合食品杂货商企业实际上也是一个零售商合作社。

在西方国家，工商企业为了扩大销售，获得更多利润，在激烈竞争中求得优势，不仅在渠道系统内采取垂直一体化经营或联合经营的方式，而且在同一层次的若干制造商、批发商、零售商之间也采取横向联合经营的方式。

（二）水平营销系统

水平营销系统是由两个或两个以上的企业联合开发一个营销机会。这些企业缺乏资本、技能、生产或营销资源来独自进行商业冒险或者承担风险，或者它发现与其他企业联合可以产生巨大的协同作用。企业间的联合行动可以是暂时性的，也可以是永久性的，也可以创立一个专门企业，所以也称为共生营销。

（三）多渠道营销系统

多渠道营销系统是指对同一或不同的分市场采用多条渠道营销的系统。这种系统一般分为两种形式：一种是生产企业通过多种渠道销售同一品牌的产品，这种形式易引起不同渠道间激烈的竞争；另一种是生产企业通过多渠道销售不同品牌的产品。越来越多的企业采取多渠道营销系统来进入同样的或者不同的市场。

例如，J.C. 彭尼企业既经营百货商店，也开设大众化商场（名字叫宝库）和专业商店。蒂尔曼把多渠道零售组织称为商业联合集团，并把它们定义为："所有权集中的多种经营商业帝国，通常由几种不同形式的零售组织组成，并在幕后实行分销功能和管理功能的一体化。"

许多企业会采用多渠道营销系统，为两个不同层次的顾客服务。这种形式可能给倡办企业造成各种矛盾。例如，通用电气企业是通过独立商（百货商店、折扣商店、凭目录邮售的零售商）出售大型家用电器的，同时也直接向大型房地产商出售家用电器，这样就和零售商发生了冲突。独立的经销商希望通用电气企业能够终止向大型房地产商出售产品的业务。通用电气企业则坚持自己的立场，认为制造商和零售商需要的是两种迥然不同的营销方法。

工作页

表 6-2-1　已掌握的信息记录表

信息 1：
信息 2：
信息 3：
信息 4：
信息 5：
信息 6：
信息 7：
信息 8：

表 6-2-2　未掌握的信息记录表

信息 1：
信息 2：
信息 3：
信息 4：
信息 5：
信息 6：
信息 7：

表 6-2-3　新掌握的信息记录表

信息序号	原来的理解	最新的理解
信息 1		
信息 2		
信息 3		
信息 4		
信息 5		
信息 6		
信息 7		
信息 8		

任务 6.3　设计分销渠道解决方案

明达和同事们根据企业现状与业务发展需要，结合所学分销渠道相关理论，为京贸达公司设计分销渠道解决方案——自营 / 加盟 / 合作。

工作内容（假设全班 30 人）

1. 将全班分为 6 个工作小组，每组 5 人，其中第 1、4 小组的所有成员按照自营设计分销渠道，提供方案；第 2、5 小组的所有成员按照加盟设计分销渠道，提供方案；第 3、6 小组的所有成员按照合作设计分销渠道，提供方案。阅读材料 1，对重要信息进行标注，在工作页表 6-3-1 中完成个人的分销渠道初步设计方案，在工作页表 6-3-2 中记录本组其他成员的分销渠道设计方案及不理解的信息，在小组内陈述本人的分销渠道设计方案，并在工作页表 6-3-3 中记录本组其他成员关于本人分销渠道设计方案的疑问。

2. 小组内讨论本小组成员的所有设计方案，在工作页表 6-3-4 中记录小组内各成员方案的优势与不足。讨论汇总，形成本小组分销渠道设计代表方案，明确方案优势与不足，并在工作页表 6-3-5 中绘制本小组代表方案的展示海报。

3. 重组小组，代号为 7、8、9、10、11 的重组小组分别从原来第 1、2、3、4、5、6 小组选择一位成员组成新的小组。请来自不同小组的同学逐一按照自己的个人任务设计情况说明自营、加盟、合作 3 种不同方式各自的优势与不足，供重组后小组的其他成员学习与比较。

4. 代号为 7、8、9、10、11 的重组小组，通过方案比较后，提出本小组认为最适合企业的分销渠道设计方案，在工作页表 6-3-6 中绘制海报，并对本小组分销渠道设计方案的优势与不足进行说明。

5. 全班交流，专家点评，对分销渠道的认识再提升。采用博物馆法，需要学生讲解、教师评价。

学习材料

材料　分销渠道设计相关知识与理论

一、应考虑设计新的营销渠道或对现有渠道进行调整的情况

当出现以下 10 种情况时，应考虑设计新的营销渠道或对现有渠道进行调整：①新产品或新产品线出现；②出现新的目标市场；③企业的市场营销组合出现重大变化；④成立新公司，或公司被兼并或收购；⑤中间商改变策略；⑥中间商不适应公司的要求；⑦地理上发现了新的市场；⑧公司的宏观环境发生重大变化；⑨当前渠道成员中出现矛盾或冲突；⑩常规的监测反映有改变渠道结构的必要。

二、影响物流产品渠道设计的因素

（一）产品因素

1. 产品单价

一般而言，产品单价较低的日用品、一般选购品可以采用较多营销渠道、较长营销路线，而产品单价较高的工业品、耐用消费品、享受品则应减少流通环节，采用较短和较少的营销渠道。

2. 体积与重量

体积过大或过重的产品（如大型设备、重型机械等）装卸和搬运困难，储存和运输的费用高，应选择短而窄的渠道，最好采用直接渠道；反之，对于体积小、重量轻的产品，则可以采用长而宽的分销渠道，利用中间商销售。

3. 时尚性

对于式样、款式变化快的时尚产品，消费者的需求容易发生改变，要尽量选择短的分销渠道，以免错过市场商机，给企业造成不必要的损失。

4. 技术性和售后服务

一般来说，技术性能比较高的产品，或是需要经常或特殊的技术进行售后服务的产品，生产者常常直接出售给最终用户，或选择有能力提供较好服务的中间商经销，分销渠道通常是短而窄的。

5. 易损易腐性

如果产品容易腐烂变质（如生鲜农产品）或者容易破损（如陶瓷、名画、玻璃制品），应尽量采用短渠道，以保证产品使用价值，减少产品损耗。

6. 产品市场生命周期

在产品市场生命周期的不同阶段，对营销渠道的选择是不同的。新产品试销时，许多中间商不愿经销或者不能提供相应的服务，为了较快地把新产品投入市场、占领市场，生产企业应选择短而窄的分销渠道，可以直接向消费者推销或利用原有营销路线进行展销，也可以采用代销策略，以探索市场需求，尽快开辟新产品的销路。

当新产品进入成长期和成熟期后，随着产品销量的增加，市场范围扩大，竞争加剧，分销渠道也呈现长、宽、多的发展趋势，此时，采用经销策略比代销更为有利。在产品衰退期，则需要采用缩减分销渠道的策略来减少损失。

（二）市场因素

1. 潜在顾客的状况

潜在顾客的多少决定了市场的大小。潜在顾客数量越多、分布面越广，市场范围越大，越需要较多中间商转售，生产企业就需要利用长、宽、多的渠道分销策略；反之，就可以直接销售。

2. 目标市场的分布状况

如果某种产品的销售市场相对集中，只是分布在某一个或少数几个地区，生产企业可以直接销售，营销渠道的结构可以短些。反之，如果目标市场分布广泛，分散在全国乃至国外的广大地区，就需要采用长、宽、多的渠道分销策略。

3. 消费者的消费习惯

消费者的消费习惯主要指的是以下两点：

（1）购买习惯。消费者对不同的消费品有不同的购买习惯，这会影响分销渠道的选择。消费品中的便利品（如香烟、火柴、肥皂、牙膏、一般糖果、报纸杂志等）的消费者很多（因而其市场很大），而且消费者的购买次数很频繁，希望随时随地买到。所以，制造商只能通过批发商、为数众多的中小零售商转卖给广大消费者。因此，便利品分销渠道是较长而宽的。

消费品中的特殊品（如高档箱包等），消费者在习惯上愿意多花时间和精力去物色，其制造商一般只通过少数几个精心挑选的零售商去推销其产品，甚至在一个地区只通过一家零售商经销其产品，因此其分销渠道是较短而窄的。

（2）购买次数及购买数量。普通消费者购买次数多，每次购买数量小。而产业用户一般购买次数少（设备要若干年才买一次，制造商所需要的原材料、零件等都是根据合同一年购买一次或几年购买一次），每次购买量大。这就决定了制造商可以把产品直接销售给产业用户，而一般不能将产品直接销售给消费者，因为多次、小批量销售的成本高、收益少。

4. 市场需求性质

消费者市场与生产者市场是两类不同需求性质的市场，其分销渠道有明显的差异。消费者人数众多、分布广泛，购买消费品次数多、批量小，需要较多的中间商参与产品分销，才能满足其需求。产业用户相对较少，分布集中，且购买生产资料次数少、批量大，产品多采用直接销售渠道。

5. 竞争者的分销策略

一般来说，企业要尽量避免和竞争者使用一样的分销渠道。美国雅芳（Avon）在选择渠道时，不使用传统的分销渠道，而采取避开竞争者的方式，训练漂亮的年轻妇女，挨家挨户上门推销化妆品，结果赢利甚多。另外，受消费者购买模式的影响，有些产品的制造商不得不使用竞争者所使用的渠道。例如，消费者购买食品往往要比较品牌、价格等，因此食品制造商就必须将其产品摆在那些经营其竞争者产品的零售商店里出售，这也就是说，食品制造商不得不使用竞争者所使用的渠道。

在研究市场因素时，还要注意商品的用途与定位，这对选择营销渠道结构都是重要的。

（三）企业因素

1. 企业的产品组合情况

企业产品组合的宽度和深度，也就是产品的种类、型号规格情况。企业的产品组合情况之所以会影响分销渠道选择，是因为在客观上存在着这种产销矛盾：从制造商方面说，销售批量要大（假设产品都是单价不高的一般消费品），否则如果销售次数频繁、销售批量小，那就不合算；从零售商方面说，除少数大零售商外，一般中小零售商的进货，要多品种、多规格、小批量，勤进快销。

因此，如果制造商产品组合的宽度和深度大（即产品的种类、型号规格多），制造商可能直接销售给各零售商，这种分销渠道是较短而宽的；反之，如果制造商产品组合的宽度和深度小（即产品的种类、型号规格少），制造商只能通过批发商、零售商转卖给最终消费者，这种分销渠道是较长而宽的。

2. 企业的声誉、资金和控制渠道的能力

如果制造商（企业）为了实现其战略目标，在策略上需要控制市场零售价格，需要控制分销渠道，就要加强销售力量，从事直接销售，使用较短的分销渠道。但是，制造商能否这样做，又取决于其声誉、财力、经营管理能力等。

如果制造商的产品质量好，誉满全球，资金雄厚，又有经营管理销售业务的经验和能力，这种大制造商就有可能随心所欲地挑选最适合的分销渠道和中间商，甚至建立自己的销售力量，自己推销产品，而不通过任何中间商，这种分销渠道是最短而窄的；反之，如果制造商（企业）财力薄弱，或者缺乏经营管理销售业务的经验和能力，一般只能通过若干中间商推销其产品，这种分销渠道是较长而宽的。

3. 企业的销售能力及可提供的服务

企业若是具有丰富的市场销售知识与经验，有足够的销售力量和销售渠道，就可以自己组织产品销售，减少甚至不用中间商，分销渠道就是短而窄的；反之，就要通过中间商来营销产品，其渠道就需要长而宽。

企业如果对其产品的广告力度大，并且愿意负担中间商的广告费用，并能派出维修服务人员承担中间商技术培训的任务或能提供各项售后服务，中间商就愿意经销其产品，企业就可能建成长而宽的分销渠道；反之，则企业难以找到愿意合作的中间商，其分销渠道必然是短而窄的。

（四）环境因素

1. 环境因素的内容

营销环境涉及的因素极其广泛，如一个国家的政治、法律、经济、人口、技术、社会文化等因素及其变化，都会不同程度地影响分销渠道的选择。所以说影响渠道结构和行为的环境因素既多又复杂，这些因素可以概括为以下几种：社会文化环境、经济环境、竞争环境等。

(1)社会文化环境。社会文化环境包括一个国家或地区的思想意识形态、道德规范、社会风气、社会习俗、生活方式、民族特性等许多因素，与之相联系的概念可以具体到消费者的时尚爱好和其他与市场营销有关的一切社会行为。如西方国家以自助服务出售食物为主的超级市场的出现，是以科学技术发展到一定水平、消费者能看懂包装上的说明文字为前提的。

国家有关法律法规的制定，对分销渠道也会造成影响，如国家实行计划控制或专卖的产品，其分销渠道往往长而单一，如烟草；再如反垄断法的制定与实施，会限制垄断型分销渠道的发展。科学技术的发展也会引起售货方式的革新，比如在互联网技术的发展下，电商平台的发展，使得很多企业在互联网上直销自己的产品，如小米手机的销售。交通条件的改善、环境保护的需要，也会引起某种产品的生产与销售规模的改变，从而引起分销渠道长度与宽度的改变。

（2）经济环境。经济环境是指一个国家或地区的经济制度和经济活动水平，包括经济制度的效率和生产率，与之相联系的概念可以具体到人口分布、资源分布、经济周期、通货膨胀、科学技术发展水平等。经济环境对渠道的构成有重大影响，如通货紧缩、市场疲软，企业通常会尽量缩减不必要的环节，降低流通费用，以便降低售价。

（3）竞争环境。竞争环境是指其他企业对某分销渠道及其成员施加的经济压力，也就是使该渠道的成员面临被夺去市场的压力。竞争会影响渠道行为。任何一个渠道成员在面临竞争时有两种基本选择：一是跟竞争对手进行一样的业务活动，但必须比竞争对手做得更好；二是可以采取与竞争对手不同的业务行为。

如日本的手表开始进入美国市场时，不通过百货商店、珠宝商店等传统渠道，而是采用由众多杂货店、折扣商店这种面向广大低收入阶层的销售渠道，取得了成功。日本的小汽车、家用电器、照相机、复印机之所以能成功地进入欧美市场，是与日本企业采取“让中间商先富”的渠道策略分不开的。

2. 环境对渠道行为的具体影响

环境对渠道行为的影响一般表现在以下 3 个方面：

（1）消费需求变化直接影响渠道行为。环境因素中的消费需求变化因素和社会行为变化因素是直接影响渠道行为的因素，渠道成员应保持敏锐的观察力，从这些因素的变化中寻找市场机会。一般说来，凡能很好地认识和抓住这些机会的企业，其经营都会成功。

例如，随着改革开放的深入，人们改变了过去在衣着打扮方面的行为观念。有些企业抓住机会设计生产了各种多姿多彩的服装和各种各样的化妆品，从而赢得了市场。近年来，组合式家具挤掉了传统式样的家具，是因为消费者对家具的需求偏好有了变化，家具行业的业务行为也就必须随之改变。消费需求变化和社会行为变化是一个渐进过程，渠道成员应在变化处于量变过程中时抓住时机，做出适应这些变化的经营决策。

（2）社会价值观念时刻影响渠道选择。环境形成的社会价值观念是时时刻刻影响渠道行为的重要因素。社会价值观念所反映的思想观念、道德行为准则、社会习俗和风气，实质上代表了社会的意志和广大消费者的意志，任何渠道成员必须在符合社会价值观念下营运。近几年，有些企业和个体户做虚假广告、短斤缺两、漫天要价或有其他欺诈行为，即使得益于一时，最终还是会损害自己，甚至给整个行业带来危害，如“三鹿”奶粉事件。

（3）渠道成员的业务行为决定成败。渠道成员的业务行为符合社会价值观念，就会取得信誉，从而也就会赢得市场。世界上所有成功的大企业都把符合社会价值观念的经营看成是建立信誉、取得成功的前提。

很多大企业的经理总是努力遵循以下一些守则：把企业的利益置于个人利益之上，把对社会的责任置于对企业的责任之上，把对企业的责任置于个人利益之上；在经营活动中，凡个人利益牵连到企业利益，企业利益牵连到社会利益，应增加进程的透明度；利润动机必须在符合社会价值观念的前提下，才能作为企业取得发展的刺激因素。

工作页

表 6-3-1　分销渠道初步设计方案

自营分销渠道方案：   加盟渠道设计方案：   合作渠道设计方案：

表 6-3-2　本组其他成员的分销渠道设计方案及不理解的信息

小组成员汇报方案	不理解的信息
1	
2	
3	
4	
5	
6	

表 6-3-3　本组其他成员关于本人分销渠道设计方案的疑问

本人的设计方案	其他成员提问的问题

表 6-3-4　小组内各成员方案的优势与不足

本小组推荐的分销渠道	优势	不足
自营 加盟 合作		

表 6-3-5　本小组代表方案的展示海报

海报要体现不同类型分销设计方案的特点、目的等内容。

表 6-3-6 重组小组优化后的分销渠道设计方案海报

优化后的分销渠道设计方案海报
本方案优势：
本方案不足：

任务 6.4 模拟分销渠道谈判

随着企业实习的不断深入，明达对公司的业务越来越熟悉，对于企业选择分销渠道也有了一定的认识。现在企业接到了运送螃蟹的工作任务，需要选择一家分包商合作。京贸达公司指定明达代表公司与分包商进行谈判，为企业签订分包协议奠定基础。

工作内容

1. 请仔细阅读材料 1 信息（企业接收到新的业务合作信息），对重要问题进行标注，并把螃蟹快递运输业务需求及特点记录在工作页表 6-4-2 中。

2. 阅读材料 2 信息，结合京贸达公司当前的分销渠道现状，判断当前的分销渠道是否能够胜任螃蟹快递运输业务，或应如何调整完善分销渠道以满足螃蟹快递运输业务需求。标记重要信息，并将答案记录在工作页表 6-4-3 中。

3. 你决定采用加权评分法来选择渠道合作伙伴，撰写谈判准备文件并把加权平均法评分所需的评价因素记录在工作页表 6-4-4 中。全班分为 6 个小组，每组 5 人，分别扮演京贸达公司明达、中间商 1、中间商 2、中间商 3、录像师角色，模拟渠道分销商谈判过程并进行录像，完成工作页表 6-4-5。

4. 全班播放模拟渠道分销商谈判录像，小组间相互学习，认真观看并记录重要信息，专家点评后完善修改谈判准备文件，并记录在工作页 6-4-6 中。

学习材料

材料 1 京贸达公司助力特色农产品智慧物流业务

2019 年，大湖蟹农蟹商尝试通过大闸蟹寄递在全国范围内销售，大闸蟹通过物流运送直接送到全国消费者手中，需要与一家信誉良好的物流企业形成战略合作。大闸蟹已成为产值数亿的产业。京贸达一直以来，作为助力大闸蟹市场繁荣的践行者，希望借助这次合作提升、优化大闸蟹寄递专业能力，致力于配合大闸蟹协会、蟹农、蟹商打造“蟹产业”，并将继续锻造成为“基于大闸蟹物流的商业合作伙伴”，不仅投入内外部众多渠道资源，大力推广宣传大闸蟹品牌，同时京贸达的金融等部门也将为广大蟹农、蟹商提供商业渠道拓展、运维资金支持，从而达到京贸达与客户合作共赢的目的。2019 年 5 月 5 日，京贸达与大闸蟹行业协会正式合作，并举行现场发布会。当时嘉宾云集，当地政府、行业协会以及蟹农蟹商共同见证了此次盛宴，见证京贸达提出的大闸蟹行业解决方案。

材料 2 选择渠道合作伙伴的理论与实践基础知识

物流企业在推出服务产品时，一种是由本公司独立完成；一种是本公司承揽业务后，由多家公司共同完成，比如多式联运，即运往目的地的货物一票到底，但中途经过铁路运输、海运、陆运等，分别由不同公司通过签署多式联运合作合同共同完成；还有城市共同配送，达成协议，几家公司共享资源，利用各种优势，优选最佳方案提供给客户；还有业务外包。

协商谈判。谈判的目标在于京贸达公司与外包公司达成合作协议。需要双方妥协，避免冲突爆发，解决大闸蟹递送问题。其实，谈判中渠道成员讨价还价必然存在。在谈判过程中，每个成员都会放弃一些东西，也会坚持一些底线原则，但如何利用谈判或劝说要看成员的沟通能力。事实上，用上述方法达成协议时，需要每一位成员形成一个独立的战略方法以确保能解决问题。

准备工作包括了解渠道成员选择的重要性；掌握寻找渠道成员的途径；掌握选择渠道成员的标准；掌握选择渠道成员的方法；了解渠道成员间的任务分配。

1. 渠道成员选择的重要性

选择渠道成员是渠道设计的最后一步，公司通常在以下情况下选择渠道成员：

（1）现有渠道成员流失。

（2）公司经过周期性的评估，发现现有某些渠道成员无法胜任分销任务。

（3）公司需要在目前的销售区域获得更大的覆盖比例，即使它的渠道按照长度、宽度和中间商的类型来说都是不变的，也可能考虑增加终端数量以提高销售增长率。

渠道成员的选择是非常重要的。因为选择渠道成员，不是为了一笔生意或一桩买卖，而是要较好地合作并与其共事。现在越来越多的公司重视与渠道成员的关系，有的甚至结成战略伙伴关系，这就说明选择成员时需要慎重。成员选择将决定消费者需要的产品是否能及时、准确地转移到消费者手中，进而影响到分销成本和顾客服务。

渠道成员选择的重要性与公司的分销密度紧密相关。也就是说，公司所选择的分销密度越小，其分销成员的选择就越重要。因为，处在分销密度小的一端的是独家分销，即只有一个分销成员，一旦选择了某个成员，就意味着失去了选择其他分销成员的机会；同时，公司的分销任务是否能有效实施，完全取决于这一个分销成员的表现，因而公司所承担的风险非常大。相反，分销密度越大，则渠道成员选择的重要性就会相应地降低。采用密集型分销的公司往往将公司的产品投放到几乎每一个可能的渠道当中去，以便获得较高的市场占有率，确保消费者在任何地方都可以购买到公司的产品。公司几乎很少严格鉴别这些渠道成员，仅是考察其信用度而已。通常，消费的产品绝大部分是通过广告事先得到卖点，所以不必去花过多的精力去选择渠道成员。

因此，如果渠道结构是突出密集型分销，通常可以根据其是否具有合理的盈利能力来选择中间商。相反，如果渠道结构是突出选择型分销，那么就应该仔细审查潜在分销成员的有关情况，包括经销商的时间、信誉、合作态度、偿付能力、经营的其他产品等，然后再做出选择。

2. 寻找渠道成员的途径

对于有营销经验的企业，尤其是拥有独立销售队伍的企业来讲，足不出户就可获得丰富的潜在渠道成员名单，那就是通过企业的现场销售队伍实现。这些活跃在批发和零售层面上的销售队伍，通过多年与现有中间商的接触和交往，比谁都了解在某些地域有哪些潜在的渠道成员。

事实上，许多公司正是通过现有的现场销售人员来获得潜在渠道成员的。原因很简单，通过长时期在销售现场的经常性交往和接触，现场销售人员可以掌握有关地区的大部分中间商的基本信息。对销售人员来说，出于敏感或由于工作接触的关系，他们通常与那些不代理本企业的销售中间商内部的某些管理和销售人员相识。因此，如果公司打算在某一个地区重新选择渠道成员，该地区的销售人员不仅可以提供较完善的潜在中间商的名单，甚至还可以为这些潜在的中间商排序，充分估算中间商被开发成真正的渠道成员的可能性。显然，当需要改变现有的渠道销售网络或者增加新的渠道成员时，渠道经理应该尽量通过销售人员的介绍来获得新的渠道成员。

除了现场销售人员，公司还可以发动内部人力资源的关系网络来获得潜在的渠道成员。有时，公司内部的某些成员由于来自不同的地区，可能对该区域中间商的情况比较了解，通过他们获得潜在渠道成员的名单也是可取的。当然，这种信息必须经过更详细的调查和分析才可以利用。

但是，对于那些新创立的企业，寻找可能的合作伙伴就是一项必须做的工作。一般来说，寻找渠道成员时搜寻的范围越大越好。搜寻的范围越大，找到合适渠道成员的机会就越大。企业还可以通过以下几种方式来寻找合适的渠道成员：

（1）工具书：包括当地的电话号簿、工商企业名录、地图册、手册、消费指南、专业杂志等。尤其是电话号簿，一般情况下，当地比较有经验、有实力的经销商都会在当地电话号簿上刊登自己公司的名称，媒体上也常常有同类产品的广告，且有“由××公司总经销”的字样。

（2）媒体广告：到达一个新的市场，先买几份当地的报纸，看看当地电视，听听广播或到街上走走，或许就能发现同类产品的经销商的名称。媒体上常常有同类产品广告，且有“由××公司总经销、总代理”的字样。

（3）专业性的批发市场：许多城市有小商品市场或日用品批发市场，到这种地方走走，经常会看到经销商门口或店里面有“××地区总经销、总代理”的各式各样的招牌。大部分经销商为了扩大自己的知名度，会要求厂家给他们制作类似的招牌、条幅等。

（4）广告公司咨询：当地的广告公司对当地的媒体、市场情况比较了解，广告公司要争着做你公司的广告代理商，必然会详细地告诉你本地经销商的情况。

（5）刊登招商广告：这种方式费用大、见效快、操作水平高，可以较全面地了解经销商的情况。

（6）举办产品展示会、订货会：这种方式对展示公司品牌形象有着巨大的推动作用。专业性的订货会，会招来专业性的经销商。

（7）网上查询：通过互联网，尤其是访问专业网站，渠道管理人员可以搜寻到某一行业中很多同一类型或不同类型的企业。通过互联网上的这些网站，企业可以找到很多未来可能的合作伙伴，而且几乎不需要什么投入。应用这种方法的唯一要求就是，企业必须具备上网的手段，或者说企业必须生活于电子网络环境之中。

（8）顾客和中间商咨询：企业营销活动围绕的是顾客需求，而要满足顾客的需求则需要借助中间商，如零售商。顾客对中间商的服务满意，就会经常与这些中间商打交道；对中间商的服务不满，可能就不再去这些中间商那里购买商品。企业可以通过正式或非正式的调查来了解顾客在他们所处的区域内对不同中间商的看法，以便确定哪些中间商可以成为企业未来的合作伙伴。

另外，通过咨询现有中间商或让现有中间商推荐，企业也可能找到新的合作伙伴。

再者，很多方法可以交叉使用。如一方面做广告，等有兴趣的渠道成员前来联系；另一方面在企业黄页和网上查找，或让中间商推荐。

3. 选择渠道成员的标准

当企业确定了产品销售策略，选择以间接渠道进入市场后，下一步应采取的措施是选择合适的中间商，包括批发中间商和零售中间商。中间商选择得是否得当直接关系到生产企业进行市场营销的效果。然而，大多数企业在选择渠道成员时缺乏具体的选择标准，凭感觉、凭印象选择渠道成员的情况十分普遍，而由这些渠道成员组成的渠道系统很不稳定，从而导致渠道成本偏高。因此，在渠道成员选择原则的指导下确定相应的选择标准是十分必要的。

不同行业、不同企业、不同产品各有特性，要确定适合于各行各业通用的渠道成员选择标准是不现实的。下面提供营销渠道专家对渠道成员选择标准的研究成果，供企业参考。

选择渠道成员的标准主要有以下几个方面：

（1）中间商的市场范围。选择中间商最关键的因素在于市场。首先要分析先前选择的目标中间商的经营范围所包括的地区与产品销售计划中的地区是否一致，如产品在北京地区，中间商的经营范围就必须包括这个地区。其次，生产企业所希望的潜在顾客是否包括在中间商的销售范围内，这是最起码的条件。因为生产企业都希望中间商能进入自己计划中已确定的目标市场，并最终说服消费者购买自己的产品。

（2）中间商的产品知识。许多中间商被规模巨大且有名牌产品的生产企业选中，往往是因为他们对销售某种产品有专门的经验。选择对产品销售有专门经验的中间商就会很快地打开销路。因此，生产企业应根据产品的特征选择有经验的中间商。

（3）中间商的地理区位优势。区位优势即位置优势。位置优势对零售商尤为重要，选择零售中间商最理想的区位应该是顾客流量较大的地点，而对于大量批发中间商的选择则要考虑其所处的位置是否利于公司产品的批量储存与运输，通常以交通枢纽中心为佳。

（4）中间商的产品政策。中间商产品政策的具体体现是中间商承销的产品种类及其组合情况。选择中间商时，一要看他有多少产品供应的来源，二要看各种经销产品的组合关系，同时还要分清其产品是竞争产品还是促销产品。一般应尽可能避免选用经销竞争产品的中间商，但是，如果本公司的产品比中间商代理的竞争性产品有明显的竞争优势，那么选择出售竞争者产品的中间商对本公司而言反而有利。因为顾客会在对不同生产企业的同类产品做客观比较后去决定购买竞争力强的产品。

（5）中间商的财务状况及管理水平。中间商的财务状况及管理水平主要体现在中间商能否按时结算上，包括在必要时预付货款，而这又取决于其财力的大小。整个企业销售管理是否规范、高效，关系到中间商营销的成败，更与生产企业的营销密切相关。因此这两方面的条件也必须列入标准中。

（6）中间商的促销政策和技术。中间商采用的商品推销方式及运用选定的促销手段的能力直接影响到生产企业的销售规模。有些产品适合通过销售人员推销，而有些产品则用广告促销比较合适。有的产品需要有效的储存，有的产品则应快速运输。要考虑到中间商是否有能力并且愿意承担一定的促销费用，以及有没有必要的物质保障、相应的人才和技术基础。选择中间商前必须对其所能完成某种产品销售而采取的市场营销政策和技术的现实可行程度进行全面的分析评价。比如，用友软件有限公司要求地区级及县级代理商必须拥有专职的技术服务人员，负责本地区所有用友用户的服务；如果代理商是独立的法人实体，则要在所在地工商行政管理单位登记注册的“经营范围”中包括“销售计算机软件”（或同含义内容）一项内容。

（7）预期合作程度。中间商应能与生产企业进行有效的合作，并积极主动地推销企业的产品，从而达成双赢。有些中间商希望生产企业也参与促销，扩大市场需求，并相信这样会获得更高的利润。生产企业则应根据产品自身销售的需要确定与中间商合作的具体方式，然后再选择最理想的合作中间商。

（8）中间商的综合服务能力。选择中间商要看其综合服务能力如何。现代商业经营服务项目甚多，有些产品在销售中要求向顾客提供技术指导，有些产品需要中间商向顾客提供售后服务，有些产品还需要专门的运输存储设备。因此，合适的中间商所能提供的综合服务项目和服务能力应与企业产品销售所需要的服务要求相一致。

需要强调的是，以上这些选择标准并非适用于任何企业的任何情况，它们只适用于一般情况而非特殊情况。因此，企业在设计渠道成员的选择标准时还应结合自身的渠道状况。

4. 选择渠道成员的方法

（1）评分法。评分法又被称为加权平均法，即对拟选择合作的中间商分别就其所具备商品分销的各项能力和条件进行打分，然后按照分数高低进行选择。具体步骤如下：①生产企业列出营销渠道成员选择中所需考虑的全部因素；②将对渠道功能有影响的各个因素根据不同的重要程度赋予一定的权重；③生产企业根据渠道成员在不同因素中的表现分别打分；④将每个成员在每一因素上的得分与该因素的权重相乘，得出每个成员在每一因素上的加权分；⑤将每个成员在每一因素上的加权分数相加，得出该渠道成员的总分；⑥对各渠道成员的总分进行排序，为渠道成员的选择提供标准。

例如，一家生产企业决定在某地区采用独家分销渠道模式建立自己的营销渠道，为此该企业初步筛选了三家候选中间商作为备选。该企业在选择时看重的主要因素有经营规模、地理位置、市场声望、可控性、客流量、信息沟通、货款结算等。各候选中间商都在某一方面具有优势，但没有一家在全部因素中占据绝对优势，因此该企业对这三家候选中间商采用评分法进行评价，如表 6-4-1 所示。从结果中分析，虽然中间商 1 和中间商 3 的打分总和相等，都是 575 分，但由于各评价因素的重要性不同，因此最后的选择应根据加权总分的排序，该企业将选择中间商 3 作为独家渠道代理。

表 6-4-1　加权评分法选择渠道成员

评价因素	权重	中间商 1		中间商 2		中间商 3	
		打分	加权分	打分	加权分	打分	加权分
经营规模	0.20	80	16.00	85	17.00	80	16.00
地理位置	0.15	85	12.75	85	12.75	90	13.50
市场声望	0.20	90	18.00	80	16.00	85	17.00
可控性	0.10	80	8.00	85	8.50	80	8.00
客流量	0.15	90	13.50	85	12.75	90	13.50
信息沟通	0.05	75	3.75	65	3.25	70	3.50
货款结算	0.15	75	11.25	85	12.75	80	12.00
总分	1.00	575	83.25	570	83.00	575	83.50

注：打分时，每个因素的得分区间为 0 ～ 100 分。

（2）销售量分析法。销售量分析法是根据中间商近年来销售额的总量情况、销售额每年增长情况、顾客流量等指标进行分析，判断该中间商是否有承担渠道任务的能力，这也是挑选中间商的主要方法。

（3）销售费用分析法。在日常管理和运作过程中，渠道销售不可避免地要发生一些费用，主要包括分担市场开拓费用、让利促销费用、由于货款延迟支付而带来的收益损失、谈判和监督履约的费用等。这些费用构成了销售费用或流通费用，减少了生产企业的净收益。因此，关于渠道销售费用的分析对生产企业来说显得格外重要，一般来说分析方法主要有以下 3 种：

1）总销售费用比较法。在分析候选中间商的可控性、营销战略、市场声誉、顾客流量、销售记录的基础上，预估各个中间商作为分销渠道成员在执行分销功能过程中的总费用，然后选择费用最低的中间商作为渠道成员。

2）单位商品销售费用比较法。当销售费用一定时，产品销量越大，单位商品的销售成本越低，渠道成员的效率就越高。因此，在评价有关渠道成员的优劣时，需要把销售量与销售成本两个因素综合起来考虑，单位商品的销售成本最低的中间商即为渠道成员。

3）费用效率分析法。以销售业绩与销售费用的比值作为评价依据，取效率高者作为渠道成员。此方法采用的比值是某渠道成员能够实现的销售业绩（销售量或销售额）除以该成员的销售费用，因此被称为费用效率。费用效率的计算公式为：

费用效率 = 某分销商的总销售额（或总销售量）÷ 该分销商的总销售费用

从公式中可以看出，费用效率是单位商品销售费用的倒数。

5. 渠道成员间的任务分配

一般而言，渠道任务在渠道成员之间的分配可以通过价格政策、交易条件和地区划分等渠道功能事项明确加以界定并用合同规范。

（1）价格政策。价格政策为一个渠道成员针对另一个或一些渠道成员所制定的价格方面的规定。例如，沃尔玛针对供应商就有两条重要的价格政策：一是“所提供的商品价格必须是市场最低价”，二是“供应商应提供以下折扣：……”。而有的生产制造商针对经销商的价格政策如“除非双方另有规定，甲方向乙方供货的一般批发价为甲方产品售价的八折”“乙方必须按照甲方规定的售价向顾客售卖商品，不得随意抬价或压价”。

价格政策体现着一个渠道成员对另一个或一些渠道成员在产品销售价格方面的要求，或者渠道成员之间在产品销售价格方面达成共识，有利于防止渠道中的价格混乱，降低由于价格混乱而导致的渠道冲突，如窜货和中间商之间的价格战等。

（2）交易条件。交易条件首先包括付款条件，如购买者支付货款的结算方法、支付时间和当购买者不能及时支付货款时与供货方的协商途径与程序。例如，有些条款中的“收益支付”就是生产制造商向经销商支付销售佣金的有关规定。生产制造商针对中间商的一项重要的付款条件就是对于提早或按时付清货款的中间商如何给予价格折扣的规定。此条款可以激发中间商及时付款的积极性。

交易条件还包括其他很多内容，如生产制造商的商品质量保证、按时供货保证和货物交割方式，以及中间商的库存水平、服务质量和服务方式等。这样的交易条件，如“代理商应配备 2 ～ 4 人，专职负责 ×× 产品的销售和售后服务工作，在代理商主管认可后，服从本公司区域办事处的统一安排。”“代理商负责提供轿车一辆，专门用于本公司开展业务。”“当代理商所辖区域零售商资金出现困难时，代理商有责任对其提供资金担保，并担保赊欠资金的回收。”“本公司承担对零售商的售后服务工作，并承担对因售后服务而产生的配件亏损。”

除此之外，交易条件还有生产制造商向中间商做出的次品或积压品处理保证、价格调整保证和退换货保证等，以鼓励中间商放手进货，从而解除中间商的后顾之忧。

（3）地区划分。地区划分就是要规定中间商的地区权利，明确说明各中间商的顾客服务范围，以免渠道内成员之间发生内耗。中间商通常希望在某个地区实行独家专营，把自己销售地区的所有交易都归为己有，并希望生产制造商承认在其专营范围内的所有销售实绩，不论这些实绩是否是他们努力的结果。至于是否满足中间商的这些要求，可以在合同中做出规定。

当涉及独家经销或独家代理、总经销或总代理、特约经营关系时，生产制造商更应当就有关中间商的分销地区范围、促销、市场渗透水平和发展渠道新成员等问题认真进行磋商，在合同中做出明确的规定。

（4）其他特定内容。除了上面所讲的责任和规定的义务之外，在一些特定内容上也要在渠道成员之间明确划分责任界限，如针对促销、信息沟通、资金帮助、人员培训、销售服务、商品展示和商品陈列等方面所做的安排。这里要特别注意责权利相适应的原则。如果中间商承担了有关分销任务，生产制造商就要明确规定报酬的形式和标准。

而渠道利益分配在制造商和渠道成员的合作合同中虽然进行了明确的规定，但如何分配更加合理仍然是制造商不断探寻的问题。

渠道利润分配应该遵循公平原则，即渠道体系中成员的报酬应该与各成员承担的任务相一致。渠道的过程也是创造价值的过程，渠道成员所获得的利益要与其在渠道中创造的价值相一致。

按照公平原则，必须要了解渠道成员付出了多少成本、创造了多少价值，并且要在渠道成员中达成共识。因此，首先需要收集必要的信息，进行渠道效率分析。

工作页

表 6-4-2 螃蟹快递运输业务需求及特点

螃蟹快递运输业务需求	特点
螃蟹快递运输业务需求 1：	
螃蟹快递运输业务需求 2：	
螃蟹快递运输业务需求 3：	
螃蟹快递运输业务需求 4：	
螃蟹快递运输业务需求 5：	
螃蟹快递运输业务需求 6：	

表 6-4-3　当前分销渠道承接螃蟹快递业务的胜任情况及改进意见

现有分销渠道胜任情况	改进意见

表 6-4-4 加权平均法所需的评价因素及谈判准备文件

加权平均法所需的评价因素
因素 1：   因素 2：   因素 3：   因素 4：   因素 5：
谈判准备文件
文件 1：   文件 2：   文件 3：

表 6-4-5　加权评分法选择渠道成员

评价因素	权重	中间商 1		中间商 2		中间商 3	
		打分	加权分	打分	加权分	打分	加权分
经营规模	0.20						
地理位置	0.15						
市场声望	0.20						
可控性	0.10						
客流量	0.15						
信息沟通	0.05						
货款结算	0.15						
总分	1.00						

注：打分时，每个因素的得分区间为 0 ～ 100 分。

表 6-4-6　加权平均法所需的评价因素及谈判准备文件

加权平均法所需的评价因素
因素 1：
因素 2：
因素 3：
因素 4：
因素 5：
谈判准备文件
文件 1：
文件 2：
文件 3：

项目评价表

评价标准	个人评价 /%	小组评价 /%	教师评价 /%
知识掌握： 掌握分销渠道概念 掌握渠道设计的理论及影响因素			
能力提升： 能够分析当前渠道的特点及其优劣势 能够对渠道进行全新设计并选择合适的渠道伙伴			
职业素养： 具有良好的团队合作、沟通表达能力 具有安全守法、诚信经营、创新意识、服务客户、精益求精的职业素养			
评语： 优势： 不足： 其他：			

项目 7　物流营销服务支持策略

知识目标

- 掌握服务及服务相关的概念。
- 掌握物流企业的服务产品及服务流程。
- 掌握服务人员的培训和考核标准。
- 掌握客户满意度相关的理论及指标。
- 掌握客户满意度调查的方法和方式。

能力目标

- 能够设计完善服务产品。
- 能够制定服务策略。
- 能够制定新员工培训大纲。
- 能够实施员工培训和评价。
- 能够设计满意度调查问卷并开展调查活动。

素质目标

- 具有良好的团队合作、沟通表达能力。
- 具有安全守法、诚信经营、责任担当、服务客户、精益求精的职业素养。
- 具有创新精神、劳动精神、劳模精神。

项目情境

京贸达物流有限公司成立于 2006 年，是一家主要经营信息咨询、仓储、运输、市内快递业务的物流服务性企业。自成立以来，公司从北京市市内快递及城际间中长途运输业务起步，逐步建立了稳定的客户服务群，在业内有良好的口碑和知名度。

公司始终坚持"用真诚赢得信誉，用信用保证效益"的企业经营理念，立足北京，扎根京津冀，延伸国内。公司长期以来，在实践与探索中建立健全了一套完整的物流管理体系，积累了丰富先进的管理经验，生成了新兴的运输理念，拓展了不同于货运代理的专线储运业务，大大减少了中间环节，降低了管理成本，以合理的收费优势为客户提供了满意的服务。2012 年以来，京贸达物流不断投入资金加强公司的基础建设，积极研发和引进具有高科技含量的信息技术与设备，不断提升作业水平，实现了对仓储、市内快递全过程全环节的信息监控、跟踪、查询及资源调度工作，确保了服务质量的稳步提升，奠定了业内客户服务满意度的领先地位。2015—2018 年，公司连续被评为"北京市优质诚信企业"。在经营战略上，公司计划拓展更多满足客户需求的路线及业务。随着物流行业的快速发展以及电商企业对物流越来越高的要求，京贸达物流从 2016 年开始转型升级，在拓宽配送网点的基础上，考虑加快库存周转率和提升仓储效率，对传统仓储条件进行了改造升级，增加了大量智能化仓储操作设备，例如分拣机器人、VR 分拣设备、智能机械手臂和智能化 WMS 仓储管理软件。为了吸引更多的客户，目前市场部接到公司的任务，对仓储条件以及业务的内容进行大力宣传，增加公司的业务量，提升利润率。

任务 7.1　认识“服务产品营销”

物流行业属于服务业，客户满意度对企业的盈利水平甚至生死存亡都有重大的干系，为了做好客户服务工作，你作为物流行业从业人员需要了解服务及服务营销相关的概念和知识，包括服务和服务营销的概念、服务特性、整合服务营销策略等。

工作内容

1. 阅读材料 1，制作关键词卡片说明“服务”和“服务业”，记录在工作页表 7-1-1 中。

2. 学习站法：阅读完材料 1 后，从材料 2 至材料 4 中选择一份进行阅读（教师根据班级学生数量印制适当数量的学习材料，使材料 2 至材料 4 参与学习的同学数量基本相当），标注关键词。

3. 小组合作学习：分别完成阅读材料 2 至材料 4 部分的 3 人组建一个小组，采用 3 人小组法向同伴介绍本人学习的主要内容。（三人小组法：陈述—转述—聆听）

4. 小组海报呈现：回到原始组，将服务营销相关概念以易于理解的方式用海报呈现出来并加以解释。把海报和解释记录在工作页表 7-1-2 中。

5. 思维拓展：根据上述内容对前课制定的京贸达物流有限公司产品、定价、传播、渠道等营销策略可以进行哪些调整？请写出调整后的新策略，记录在工作页表 7-1-3 中。

学习材料

材料 1　服务与服务业

一、服务

作为消费者，我们日常的衣食住行无时无刻不是在消费某种服务产品，这些产品可能是由零售业、房地产业、娱乐资讯、电信金融服务、交通运输、公用事业服务、教育卫生服务等行业提供的，可以说我们每天都在使用服务。商业机构和其他社会团体则是在更大规模上购买、消费服务产品。毫不夸张地讲，人类社会正从一个由工业主导的社会逐步演进为一个由服务业主导的社会，当今社会是服务经济社会。

服务领域所涉足的范围很广，而且服务的投入和产出过程往往是无形的，消费者很难抓住。关于“服务”的定义，从本质上讲，可以理解为：服务是由一方提供给另一方的行动或行为。尽管这一过程或许伴随着物质产品，但行为本质是无形的，通常不会产生任何生产要素所有权的转移；服务是一种创造价值的经济活动，并在特定的时间和地点向消费者提供益处，从而实现所需的交换。

二、服务业

服务业指专门生产和销售服务产品的企业、组织和政府部门。从规模上讲，服务机构包括大到国际性的公司，如航空、银行、保险、电信、连锁酒店、运输公司等；小到形形色色由当地人经营的小生意，如餐馆、干洗店、出租车公司、冲印店、特许经营店、B2B 服务机构。政府和非营利组织也是服务的提供者。

材料 2 服务产品的本质特性

1. 服务产品的无形性

尽管服务通常伴随着有形的、物质的要素，例如酒店的床、健身俱乐部的器械、外科医生的手术刀，但服务作为一种行为，从根本上是无形的，消费者所购买的价值不是从这些有形因素产生的，而是从无形的行为（即服务）产生的。无形性意味着服务作为一种行为既不能触摸、不能包装，也不能带走，如医生的治疗、交响乐队的现场演出。无形性要求营销管理者重视有形因素的展示，利用有形的形象、象征手段来展示服务企业的核心能力，通过有形因素来让顾客感受和体验服务产品的价值。

2. 顾客所有权的缺失

通常，消费者购买一种生产产品，如家用电器，就代表实实在在拥有该产品的所有权。可是，当你购买一种服务时，你常会发现尽管你拥有服务所产生的价值，却很少或几乎没有获得伴随服务的有形要素的所有权。当然，像外出吃饭和家电维修这样的服务，消费者拥有食物和零配件的全部所有权，但对大多数服务来讲，不存在所有权的转移。例如租车服务、外科手术、家务钟点工，消费者实质购买的是劳动力和专业技能。站在营销角度思考发现，消费者购买制成品与购买服务产品所关心的产品属性是不同的，营销者应该关注到这个差异，有针对性地制定营销策略。例如，同样是为顾客解决交通工具问题，租车服务的营销和销售汽车营销是截然不同的。一般来说，顾客买车，至少是打算使用 3 ～ 5 年，这时汽车营销者向顾客强调的是品牌、型号、性能，甚至是颜色、车内配饰；顾客租车，多是自驾车旅游，少则一天，多则十天半月，顾客关心的是车的大小和类别、取车还车的地点是否方便、租车公司的营业时间、汽车买的是何种保险、汽车清洁维护是否良好、是否提供到机场的免费穿梭巴士、是否有 24 小时预订服务、是否提供 24 小时紧急救援服务等，显然服务营销者必须关注到两类消费者的不同需求。

3. 服务过程中顾客的介入

有些服务，如写字楼清洁、电视台新闻播报、汽车修理、人身保险等，完全是由服务供应商提供服务的，顾客没有参与服务过程。但也有许多服务，顾客是介入到服务过程中的，如银行的自动柜员机服务、装修公司的设计服务、自助餐、课堂教学等，顾客都不同程度介入到了服务过程中，他们的行为直接影响到对服务产品的体验以及顾客满意度。意识到这一点，服务营销者就应该将改善服务场所与设施的方便性、安全性、易用性作为提高服务质量和提升顾客满意度的有力举措。

4. 他人对服务质量的影响

大多数消费者经历过这样的情景：当你在影院看电影或在音乐厅欣赏音乐，正沉浸在艺术氛围中时，突然邻座的手机响了，而且那位仁兄还大声接听电话，剧场工作人员又没有及时出面制止。可以说，当时你的情绪肯定一下子被破坏了。的确，在很多服务过程中，不仅服务人员、服务设施影响顾客对服务的体验，他人（如其他顾客）往往也构成服务的一部分，直接影响顾客的服务体验。服务产品的这一特性提醒营销管理人员：首先，要挑选、培训、激励直接与顾客打交道的员工，包括传授专业技巧以及人际沟通技巧；同时，服务供应商在有些情况下还应管理、规范顾客的行为以不破坏其他顾客的服务体验。

5. 服务产品的品质多变性

服务营运过程中，由于服务人员及其他顾客的存在，服务产品的品质标准化相当困难。有些服务体验，如请发型师美发，是在即时条件下边生产边消费，发型师不同，顾客不同，对服务的感知一定不同，即使是同一发型师、同一顾客，这次来与上次来感受也可能截然不同。为什么呢？因为投入变量中人的因素很难控制，达到标准化程度更难。这使得服务机构很难提高效率、控制质量，向顾客提供标准化的产品。营销管理的挑战在于，如何将难以控制的因素所造成的风险降到最低，以及寻找新的方法来满足顾客个性化的需求。

6. 服务质量的难以评估性

许多制成品具有搜索属性，即产品的有关信息诸如产品的外观、颜色、形状、价格、手感、硬度、气味在购买之前就可以掌握；有些产品和服务具有体验属性，即产品有关信息只能在购买或消费以后才能把握，如酒店菜式的味道、服务态度；还有一些产品，即使在购买消费后也很难判断其质量等级、好坏，具有信任属性，如外科手术、律师服务、管理咨询等。服务产品大都具有后两种属性。营销决策面临的挑战是如何打消顾客购买前的疑虑、不信任和购买后的懊悔感觉，并争取回头客和良好的口碑相传。

7. 服务产品的不可存储性

服务产品是一种行为，使其不能像制成品那样，可以在生产后放到仓库存储起来，用于日后的销售。当然，必要的设施、设备、人员可以保留以备用来生产服务产品，然而这仅代表生产能力，而不是产品本身。闲置的生产能力，如航班起飞后的空位、闲置的电话线路、放空的公交夜班车意味着浪费。可是，一旦服务需求超出生产能力，顾客又因为需求得不到即时满足失望而归。服务产品的不可存储性，对于营销管理人员的挑战就是，如何设计一系列营销手段和运营手段来平衡需求与生产能力之间的矛盾，做到既不流失顾客，又能最有效地利用生产能力。

8. 服务产品的时段性

许多服务产品是即时现场交付的，顾客本人必须身处现场，如服务机构提供的航空客运、医疗救治、美发整容等。顾客通常只愿意排队等候一定的时间，即要求服务产品必须以一个可接受的速度交付，速度被认为是高质量服务的关键要素。而且，今天的消费者对时间越来越关注，不同的顾客赋予时间的价值是不同的，有些顾客愿意为尽快、更方便的时间获得服务支付溢价。服务产品的这一特性，要求营销管理者理解不同细分市场顾客对时间价值的敏感度，梳理业务流程，降低顾客排队等候时间，用加快速度来提升竞争优势。

9. 服务产品分销渠道的多样性

大多数制成品的分销渠道是有形的：从工厂到仓库、配送中心、销售终端，直至到用户。许多服务行业使用电子渠道，例如广播电视，电子汇兑，这些服务行业也可选择将服务产品生产车间、零售网点与消费地点组合在一起，设计成一个场所来满足顾客需求。如银行提供给客户销售渠道选择，从银行柜台当面办理业务到电话自助办理直至网上银行。

由于通信及互联网技术的飞跃式发展，可以说，任何以信息为基础的服务领域都具有运用电子商务技术作为构建虚拟渠道的潜力，甚至很小的服务企业也具有了低成本向全球拓展业务的可能。服务营销管理者面临前所未有的机会与挑战。

材料 3　整合服务营销 8Ps 要素

基于对服务管理独特性的深入研究，著名学者克里斯托弗 • 劳洛克提出了整合服务管理的 8Ps 理论。该理论认为，服务机构要获得竞争优势，必须整合、协调下述 8 个方面。

1. 产品要素（Product Element）

管理人员必须选择包括核心产品以及顾客认为有价值的围绕核心产品的所有附加服务。也就是说，经理们必须专注于有潜力为顾客创造价值的服务行为的所有方面。

2. 地点、虚拟空间及时段（Place，Cyberspace，and Time）

构建服务产品的渠道包括对交付时间、地点、所使用的渠道方法的决策。根据产品的特性，决定使用有形渠道或者虚拟渠道，或两者并用。速度、时间和地点的方便性是管理者考虑的重要的决定性因素。

3. 服务过程（Process）

管理人员必须详尽列明向顾客提供服务产品的过程，及在服务运营系统中每一个行动的方法和顺序。不合理的服务程序设计导致服务过程的冗长、低效，很可能激怒顾客，同时也使得第一线的员工无所适从。

4. 服务效率与质量（Productivity and Quality）

效率是指怎样将投入转换成产出，关系到服务企业的盈利能力；质量是有关产品满足顾客需求、欲望、期望的程度，关系到顾客忠诚度的建立。管理者必须小心权衡效率与质量，不能孤立偏重某一方面，控制成本对提升效率来讲是至关重要的。然而，经理们必须小心，不恰当降低成本所引起的服务质量下降，会招来顾客的反感；而一味投资改善质量，置成本上升于不顾也许会降低盈利能力。

5. 他人（People）

许多服务依赖员工与顾客的直接接触、互动，这种互动性强烈影响顾客对服务质量的感知。顾客常常判断与他们打交道的服务人员，并以此为基础来评价服务质量。顾客对与其相遇的顾客，也如此判断。有鉴于此，成功的服务企业必须花大力气招聘、培训和激励员工，同时寻求规范引导顾客的行为。

6. 沟通与教育（Promotion and Education）

成功的营销离不开与顾客的有效沟通。沟通担当了三个重要的角色：提供所需的信息和建议；说服目标客户；鼓励目标客户购买。服务机构的沟通任务，从根本上讲就是提供服务的价值信息，引导顾客，告知服务的时间与地点，以及教育顾客如何参与服务过程。服务机构还必须选择有效的沟通途径。

7. 有形展示（Physical Evidence）

建筑物的外观、庭院、室内装饰风格、设施、标识、员工、印刷品以及其他的可视物件都充当了服务质量的有形展示。有鉴于此，服务机构必须谨慎管理有形展示，因为这会极大地影响顾客对服务质量的印象。

8. 价格与其他使用成本（Price and Other User Costs）

这个方面主要是强调管理顾客为获得服务产品的价值所支付的总成本。管理者的任务包括传统上的定价、制定利润空间、信用条款，同时还必须尽力降低顾客购买和消费服务产品的其他成本，包括时间、精神和生理付出以及不愉快的心理感觉。

材料 4 整合服务营销策略

1. 服务产品市场定位策略

定位是企业建立或维持本身或其产品在市场及消费者心中独特位置的过程。

许多服务具有无形性和体验性的特征，一个服务产品明确清晰的定位对于目标顾客对服务形成良好印象是非常有价值的。

2. 服务产品开发策略

在开发服务产品时，要考虑以下 3 个方面的要素：

（1）核心产品。开发者要问自己：顾客真正想要的是什么？我们从事的是什么生意？核心产品向顾客提供了所寻求的解决问题的方案。

（2）核心的交付过程。即核心产品是如何交付给顾客的。在这一过程中，顾客扮演了什么角色？顾客是如何介入服务过程中的，服务的流程如何？顾客与服务设施、人员的接触程度如何？对附加服务有何要求？

（3）附加服务。围绕核心服务产品，促进其使用，提升其价值和外观的所有行动称为附加服务。每一个附加服务也要求有各自的交付过程。

3. 服务产品定价策略

（1）顾客的成本构成。站在顾客的角度看，商家索取的货币价格并不仅是顾客支付的购买和使用服务产品的唯一成本，顾客还支付了其他的财务成本和非财务成本。其他的财务成本包括与消费此项服务相关的其他必要开支，以自驾车旅游为例，其他成本包括旅游景点泊车费用，家里有宠物的话，还包括旅游期间请人照看宠物的费用等。非财务成本有4种类别：时间付出（含机会成本）、体力付出（疲乏、不舒服，甚至受伤）、心理负担（精神紧张、不适感、恐惧、愤怒）、生理负担（刺耳的声音、刺眼的光线、难闻的气味或令人难受的温度）。

（2）影响定价策略的因素分析。与制成品的定价相比，服务产品的定价要困难很多，因为服务产品的成本不像制成品的劳动力成本、原材料成本、仓储费、运输费那么容易确定。服务产品投入和产出的多变性使得生产服务产品的单位成本也许并不相同，而且，如果质量不能保持稳定的话，顾客获得的价值也不相同。由于前面曾探讨过的服务产品的独特性，顾客也很难判断服务产品的真实成本构成。

（3）制定服务产品的定价策略。定价策略必须在3个基础之上考虑，即成本、竞争及对顾客的让渡价值。有效定价的关键就是如何增加顾客的让渡价值，而又不忽略成本、竞争要素。没有哪一个顾客愿意为不值得的服务产品支付哪怕多一分钱。所以，服务企业一定要调查，顾客认为值得的价值是什么。在不同的情况下，服务产品的价值是会改变的，例如，同样是汽车拯救服务，顾客愿意为在风雪交加的深夜的汽车拯救服务支付更高的价格。提升服务产品的让渡价值有三大策略。第一，降低不确定性因素，即减少顾客的非财务负担。如100%保证退款，明码实价在先。第二，关系定价。该定价策略在建立和维持与顾客的长期关系中发挥重要的作用，是一种把顾客一生的价值都考虑到的，基于价值、市场取向的定价方法。用降价挖客户不是最好的方法，更有效的方法是价格与非价格激励双管齐下。除了大量购买给予价格折扣，还可以打包优惠购买。例如，保险公司对产品的定价，单买寿险、车险、房屋险、医疗保险是一个价，各险种合在一起打包买则各险种单价优惠很多。一个顾客在单一的供应商处购买的服务越多，与该供应商的联系越密切。第三，用低成本领先战略减少顾客的财务负担，是企业购买者和个人消费者乐于接受的。但管理人员必须坚持使顾客相信低成本不等于低价值，而且低价格还必须保证企业有利可图。

4. 服务产品沟通策略

当今企业可以采用许多形式与顾客沟通。以服务为例，服务的地点、服务交付过程的氛围、产品的设计属性如颜色和图案、服务人员的外表举止，甚至公司的互联网主页设计等，所有这些有形展示都会影响沟通所要传递的信息。

由于服务产品的无形性特征、生产过程中顾客的介入、服务产品质量的难以评估、供求平衡的调整、与顾客接触的一线员工的重要性、中间商角色的减少等特性，企业沟通战略的制定与制成品沟通战略在沟通的重点以及方向上是有所区别的。

服务营销沟通的任务及策略如下：

（1）告知服务产品的信息。潜在顾客需要知道这些信息：可供选择的产品；何时、何地可以购买，产品的利益价值何在；使用有形的、易识别的符号或标识来显示相应的信息，用创新的、易理解的比喻使无形的诉求具体化。保险公司、投资基金公司在营销高度无形化的产品时经常使用此类方法。

（2）担当教育者的角色。训练员工的专业服务技巧、与顾客沟通的技巧，培训如何改善效率及质量；管理、教育顾客如何使用新的自助服务设施，如何配合参与服务过程，教育提醒顾客认识到服务过程可能伴随的风险及危险，降低顾客中“害群之马”的不良行为，影响顾客的消费品位和偏好。

（3）扮演说服者的角色。由于服务产品的质量是难以评估的，即使潜在顾客理解了将要购买的服务怎么样，在正式购买消费前，他们还是很难分辨各个公司的产品有什么不同，也没把握到底能得到什么样的服务水准，这无疑增加了顾客购买行为的感受风险。营销者能做的就是尽可能多地提供有关服务行为的有形线索，以消除顾客的疑虑，增强顾客对服务产品的青睐、信任和忠诚度。近年来，在服务营销管理中广泛推崇“有形展示”策略，即服务企业通过对服务环境、品牌标识、员工形象和业务信息等的有形展示，使顾客抓住服务的有形线索。例如，强调服务生产过程中使用的服务设施的优异质量，以及服务员工的高素质水准、从业经验、资历资格。而且不要忘了利用其他顾客的正面口碑宣传。在所有这些行动中，服务营销者担当了说服者的角色，促使潜在购买者实施购买行为。

（4）提醒、激励与建立客户关系的角色。不断强化顾客在服务中获得满意的感受，使顾客相信自己体验过的服务具有比较优势，那么他就极有可能重复购买。还可以通过各种方式的促销激励老顾客与新顾客采取购买行动。由于计算机以及互联网技术的发展，现代企业更多地进行技术投入，建立企业的主页、网站、论坛，不但宣传产品，同时也通过电子邮件的方式及时向顾客传送大量标准的和定制的信息，更好地收集顾客的反馈意见，建立更为完善的客户关系管理数据库，依赖这一系统极大地提高了效率和质量，为顾客创造了更多的价值。

5. 服务产品分销渠道构建策略

服务产品的渠道是连接服务供应商和顾客消费的纽带。服务渠道的构建涉及在合适的时间、地点以合适的交付方式向顾客交付服务的核心产品以及附加产品。服务产品的渠道建设更精彩及富有挑战性。在竞争战略中，速度已成为重要的因素。顾客要求更方便、快捷地在合适的时间与地点交付服务产品。互联网的高速发展也使服务商家越发重视服务地点、虚拟空间、服务时段对渠道建设的影响。

（1）服务交付方式的选择直接影响顾客对服务产品的体验。根据服务的特性，以顾客与服务供应商的接触程度，将服务交付分为以下几种类型：

1）顾客亲临服务现场。在这种情况下，不管顾客始终在服务现场，还是只在服务流程开始及结束时出现，服务网点的地理位置及服务的运营方式是渠道构建的重要考虑因素。如零售超市选址，目标客户的居住区域、工作地点、交通状况、客流量对决策影响很大。由于电信技术及第三方物流的发展，传统的顾客亲临服务现场的渠道面临极大的挑战。

2）服务供应商送货上门。有些类型的服务，由供应商送货上门，如家居装修、设备维护、航空紧急救援服务等。在构建服务渠道时，服务人员、使用的设备、耗费的时间、财务成本是考虑的重要因素。

3）远程服务。顾客通过远程交易系统与服务供应商完成交易，意味着顾客也许从未见过服务设施，也从未与服务人员谋面。远程服务的具体方式如电话、邮件、传真、电子邮件等，其特征是服务过程是隐藏的。在构建服务渠道时，由于电信技术和互联网的运用取代了面对面服务，服务流程重组及服务模式的设计至关重要，并不能简单理解为远程服务取代人工服务。

（2）服务交付地点决策。在何时、何地交付服务是营销经理们在构建服务渠道时面临的重要决策。对这个问题的回答反映了顾客的需求和期盼、竞争行动以及服务运营的特征。对于顾客亲临服务现场，选址可以考虑以下类型：

1）特殊选址。尽管方便顾客的选址是非常重要的，但有些服务的运营条件是有严格的地理条件限制的。例如机场的选址，因为要考虑噪声、地形、气候和其他环保因素，通常远离市区，人们从家里、办公室出发去机场不是很方便。作为服务供应商，应该考虑配套机场地铁快线、穿梭巴士来降低使用机场出行的不方便性。获得规模效应是选址的另一个考虑，例如很多城市的主要医院提供多种医疗专科服务，满足顾客医治疑难杂症和住院的需求，这需要非常大的服务场地。

2）巧建迷你网点。对于多网点服务企业来讲，巧建迷你服务网点是最大限度地提高覆盖地域的有效方法。例如银行的自动柜员机遍布大型商场、医院、校园、机场和高级写字楼，通过顾客的自助服务有效拓展了银行业务区域。

3）进驻多功能场所。现代建筑常常具有多种功能用途，不单是办公空间，也具有服务休闲娱乐的空间。如“超级家庭生活娱乐购物中心”北京朝阳大悦城城市综合体，进驻世界品牌专卖店、百货公司、连锁超市、电影院、游乐场、健身俱乐部、餐馆、银行、高档写字楼、星级酒店，向顾客提供一站式购物娱乐体验。选择这样的多功能商业场所，无疑增加了竞争优势。

4）开拓服务虚拟渠道。个人计算机及互联网的广泛运用正在改变顾客的购物习惯，近年来，通过互联网销售制成品与服务产品呈现出增长趋势。越来越多的顾客通过互联网、分类杂志、电视广告获取产品与服务信息，拨打订购热线电话购买产品与服务，顾客们正从传统的店面购物转向虚拟空间购物。这一变化趋势，对服务供应商来讲，既是挑战也是机会。对于像亚马逊这样的网上零售书商，依托互联网和电子商务技术，在短短几年时间里成就了传统零售书商需要几十年甚至上百年时间才能打造的商业帝国的梦想，而扩张成本不到后者的1%。可以说，互联网和电子商务技术给了市场潜在进入者和新进入者低成本进入和快速扩张的机会。面对这样的挑战，许多传统服务供应商，如全球图书零售巨子亚马逊、连锁超市沃尔玛，利用自己雄厚的资源优势，开拓虚拟销售渠道，与在线零售商展开正面竞争。同时，传统的店面零售商更加致力于改善顾客的购物体验，使其更精彩、更舒适。

（3）服务交付时间决策。顾客寻求服务的方便性不仅是在方便的时间和地点购买核心产品，人们更希望可以容易地获得有关的附加服务，尤其是信息、预订和解决问题帮助。全世界家庭结构的变化趋势是双职工家庭增加，繁忙的工作常常使他们没有时间处理个人银行账户、保险甚至是逛街购物。顾客需要供应商延长营业时间并且更加容易获得服务，最重要的是获得一站式服务，而不是被录音电话转来转去。具体来讲，可以考虑以下方式：

1）使用 24 小时服务热线。许多服务区域覆盖全国或全球的供应商为了满足顾客对方便服务的需求开设了呼叫中心，向顾客提供 24 小时热线服务，如银行、保险公司、信用卡中心、票务公司等，身处各地的顾客只需拨打免费电话号码就可以获得相关服务而不用支付长途电话费用。

2）延长营业时间。现在很多零售网点，如加油站、便利店、餐馆、超市都延长了服务时间。

3）建立自助服务。利用语音识别系统、互联网，培养教育顾客更多地使用自助服务。

4）利用移动通信技术。在以信息为基础的服务行业，服务供应商给一线服务人员配备移动通信设备，如移动电话、手提电脑等实现移动办公，可以向顾客提供更好、更快的服务。

（4）使用服务中间商决策。许多服务机构发现，将服务产品的某些部分，尤其是某些附加服务任务分解由中间商担任，可以实现成本节约。例如航空公司、酒店利用旅游公司、票务代理公司处理票务和客房预订业务；在 IT 服务行业，有企业将产品交货、安装、维护、故障处理、维修、升级等附加服务交由中间商完成。

6. 提升服务产品质量与效率策略

关于服务质量的许多研究都是以顾客为导向的。美国营销学家泽斯艾墨等三位学者在顾客评估服务质量问题上提出了“差距理论”，认为顾客的感知服务质量高低决定了顾客对服务质量的评估，而顾客的感知服务质量取决于服务过程中顾客的感觉与顾客对服务的期望之间的差异程度。当顾客实际感受到的服务质量符合甚至超过他们预期的服务质量时，他们的感知服务质量就好；当他们实际感受到的服务质量不及预期的服务质量时，他们的感知服务质量就差。

为了找到更加切实可行的质量管理策略，服务营销学家通过深入研究和广泛实践得到了很多值得推荐的策略和原则，可以概括为两类。一类是服务质量改进的“基础策略”，即置身于服务之外，对服务质量的整体设计。以日本企业为例，强调设法前瞻未来，通过小幅改进服务设计建立减少错误的机制；或者像许多欧美企业所采用的那样，根本改变生产过程，注重对服务的反复重新设计。另一类是“把质量放入服务中改进”的策略，即在服务过程中对服务质量管理进行局部的重点设计，强调注重服务过程的关键环节，把握服务真实瞬间，即服务过程中的各个细微环节。

7. 供求调节管理策略

与制造业不同，服务运营产品的易逝性使其不易储存以备他日销售，由于这一特性，受资本、设备、技术，尤其是人员等供给能力制约的服务商家面临如何管理需求波动的问题。当服务企业的供应能力相对固定时，面对服务需求因时间不同所存在的差异呈现出一种先天的不平衡，而这种不平衡又由于服务产品的不可储存性而无法像实物产品那样通过库存来后天解决。因此，只有通过调节供求本身（而不是储存供求）来解决这种不平衡。在服务营销实践中，运用服务需求调节策略和服务供给调节策略来实现供求平衡管理，从而改善经营、取得最佳的经济效益。

（1）服务需求调节策略。要在保持供给稳定的前提下，通过恰当的方法和措施改变顾客的需求时间，降低服务需求周期性的起伏，以减少因供求不协调造成的顾客不满或人员设备的闲置。在整合服务营销管理中，差别定价、改变产品属性、改变服务渠道和使用恰当的传播策略对于调节管理服务需求发挥着重要的作用。

1）在需求峰谷时段实行差别定价。在需求高峰时期，降低过量需求的最直接有效的方法就是提高价格和其他成本。了解到这一信息后，那些不愿意在高峰时段付出额外成本的顾客，如调高的服务价格、排队等候的时间、面对拥挤的人群等，往往会选择推迟消费。同样地，较便宜的价格以及不用等候的预期也会鼓励顾客在非繁忙时段消费。

针对不同的细分市场，将服务分级，按级定价以确保在服务供应能力一定的情况下，在任何时候尽可能使既有的服务能力产生最大的利润。即向每一个细分市场提供相同的服务核心产品，同时提供不同的附加服务来增加产品价值，以此吸引愿意支付溢价的细分市场。如航空公司面向不同的乘客市场，将服务产品分级为头等舱、商务舱、经济舱，在基本产品相同的情况下，通过分级服务创造附加值，获取较好的利润水准。

2）改变产品的属性，刺激新的需求。有些季节性很强的服务产品，在淡季，即使提供大幅度的价格折扣，也很难刺激需求。如滑雪胜地夏季的上山缆车服务。在此情况下，服务商有必要对服务产品做出修改调整，以刺激顾客在淡季的需求。如越来越多的滑雪胜地在夏季开展山地自行车运动，游客们可以在山脚营地租自行车，由特别设计的上山缆车运送自行车上山，游客再骑车下山，从而提高了淡季上山缆车的需求。很多类似的服务产品都可以通过改变产品属性来刺激淡季的服务产品需求。

另外，还可以考虑改造服务的交付渠道，强化沟通与宣传、有序的排队管理和预售预订服务来调节需求。

（2）服务供给调节策略。所谓供给调节就是根据服务需求的变化情况及时调节企业的服务供应量，达到服务供求的基本平衡，减少服务能力的浪费，以提高经营效益。在服务领域，生产能力至少包括以下 5 种形式：一是服务过程中，直接作用于顾客的有形设施，如医院的病房、酒店的床位、客机的座位等，基于安全等因素考虑，供应商有一个供应数量的上限；二是服务过程中，用于储存、处理顾客的财物的有形设施，如超市的货架、仓库、停车场地、货运集装箱数量等；三是服务过程中所使用的有形设备，如电话、实验设备、机场的安检仪、柜员机、维修工具等；四是服务人员，他们在所有高接触类服务和许多低接触类服务中是一个非常关键的生产能力要素；五是基础设施，许多服务商必须依赖公共或私人的基础设施向顾客提供高品质的服务，如电信基础设施、电力基础设施、高速公路网络、空港等。服务供给调节策略就是对上述环节的管理和合理调配利用，主要有以下策略：

1）服务能力的调整。服务能力似乎是固定的，但有些服务行业，在繁忙时段的生产能力也是有机会提高的。需求高峰时，在保证服务质量的前提下，只提供主要的服务项目，而把次要的服务项目略去。如在上下班高峰，公交系统投入运营有更多站位而不是座位的公交车；另外，延长服务设施使用时间也是调整生产能力的有效方法。

2）在人力资源安排方面，当需求低迷时，安排员工休假、雇用临时员工、交叉培训员工，随需应变，调整服务能力。

3）开发弹性服务能力。有些时候，服务供应能力出现瓶颈，并不是总的服务能力有限，而是个别细分市场供应不足。在这种情况下，开发弹性服务能力是非常必要的。如某酒店发现当日套房供不应求而标准间又有剩余。解决方法是将酒店房间设计成活动间隔，既可以组合成套房，也可以间隔成标准间。

4）提高顾客的参与程度。在需求高峰期提高顾客的参与程度，使顾客承担一部分工作，可以提高其供给的效率与速度，从而增大供给量。

5）策略性使用未售出服务能力。对于未能售出的服务能力，可以策略性利用，有助于服务商与顾客、供应商、服务人员以及服务中介机构建立良好的关系。如将未售出服务能力奖励给员工；在服务旺季到来之前，与服务中介机构签订协议，保证供应一定的服务产品。企业也可与服务项目近似但需求周期有所差别的服务机构达成互助协议，相互承诺在对方需要帮助而本企业有剩余产能时全力相助，共同满足服务需求。

工作页

表 7-1-1 “服务”和“服务业”关键词卡片

服务：
服务业：

表 7-1-2　服务营销概念海报

海报内容包括服务营销的定义、特性、要素、策略等。

表 7-1-3　新旧营销策略

原来的营销策略	改进后的营销策略
产品策略：	产品策略：
价格策略：	价格策略：
渠道策略：	渠道策略：
传播策略：	传播策略：
其他：	其他：

任务 7.2　认识“物流企业业务流程”

在了解服务营销基本概念的基础上，你需要结合京贸达物流有限公司的现状重新审视公司的客户开发管理流程、客户服务管理流程和订单处理流程并结合实际情况提出修改完善建议，从而提升公司的服务效率、服务效果和服务绩效。

工作内容

1．选择三份流程图中的一份独立学习，理清工作内容和不同岗位的工作职责与顺序关系，记录在工作页表 7-2-1 中。

2．小组合作学习：阅读同一业务流程图的同学集中为一个小组，拟定一份培训讲解材料，向他人讲解某项工作的业务流程，记录在工作页表 7-2-2 中。

3．讲解汇报：每个小组派出一名代表向其他小组讲解业务流程（可借助海报或 PPT）。

4．合作学习：学习不同业务流程的同学组成一个小组，制定对公司新招募业务专员、客服专员的培训提纲并记录在工作页表 7-2-3 中。

学习材料

材料 1 客户开发管理流程

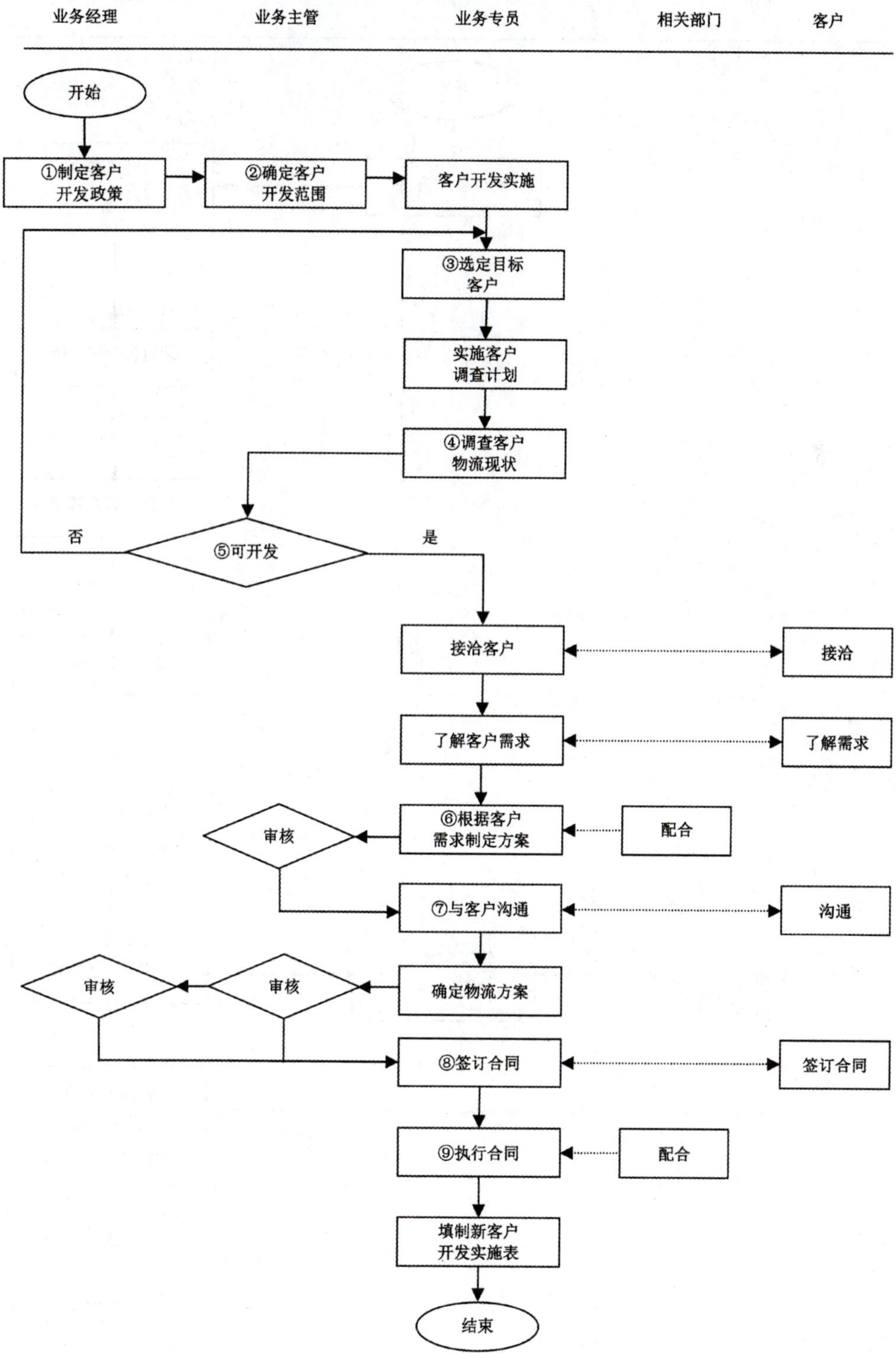

材料 2　客户服务管理流程

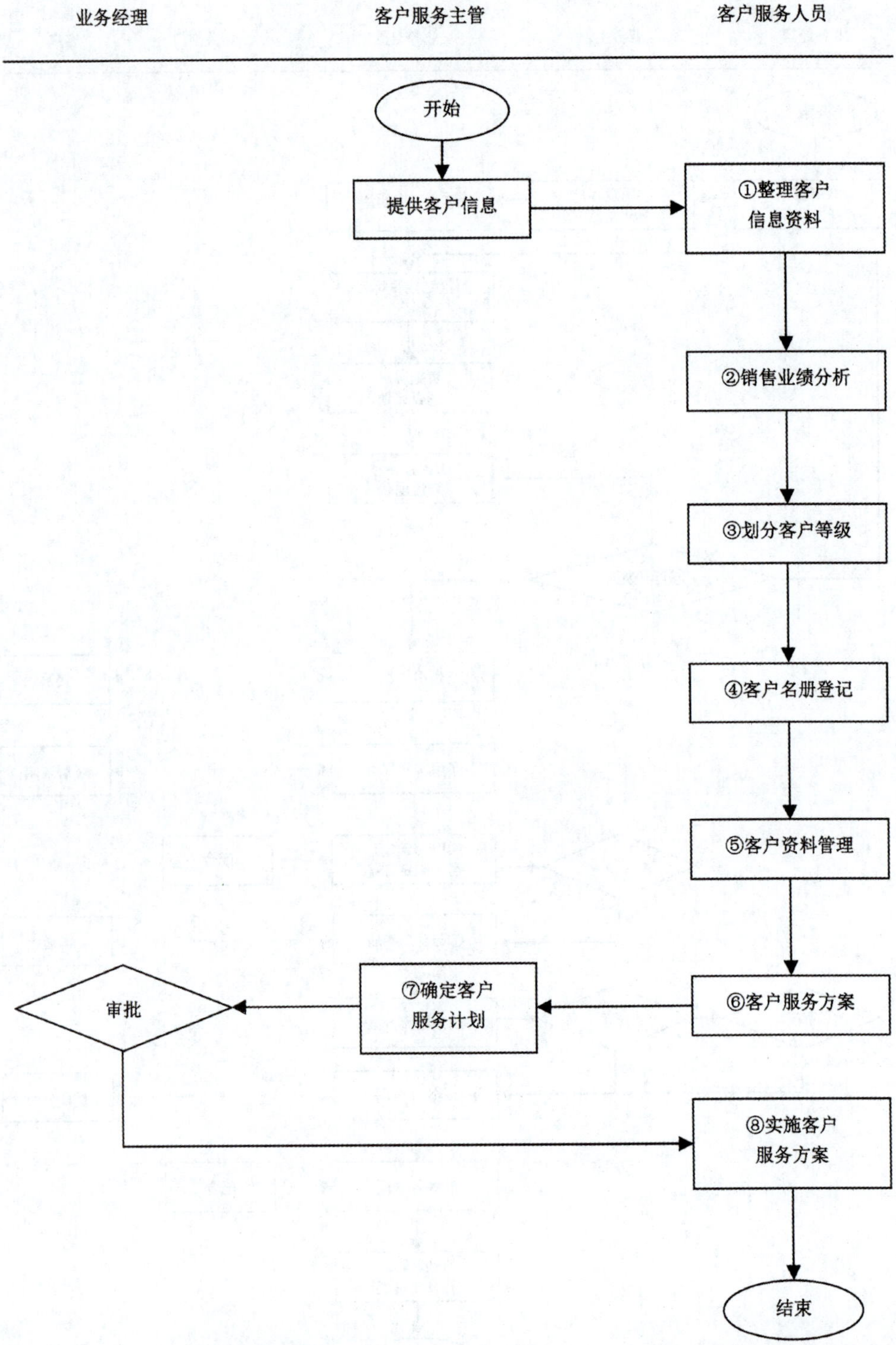

材料 3　订单处理流程

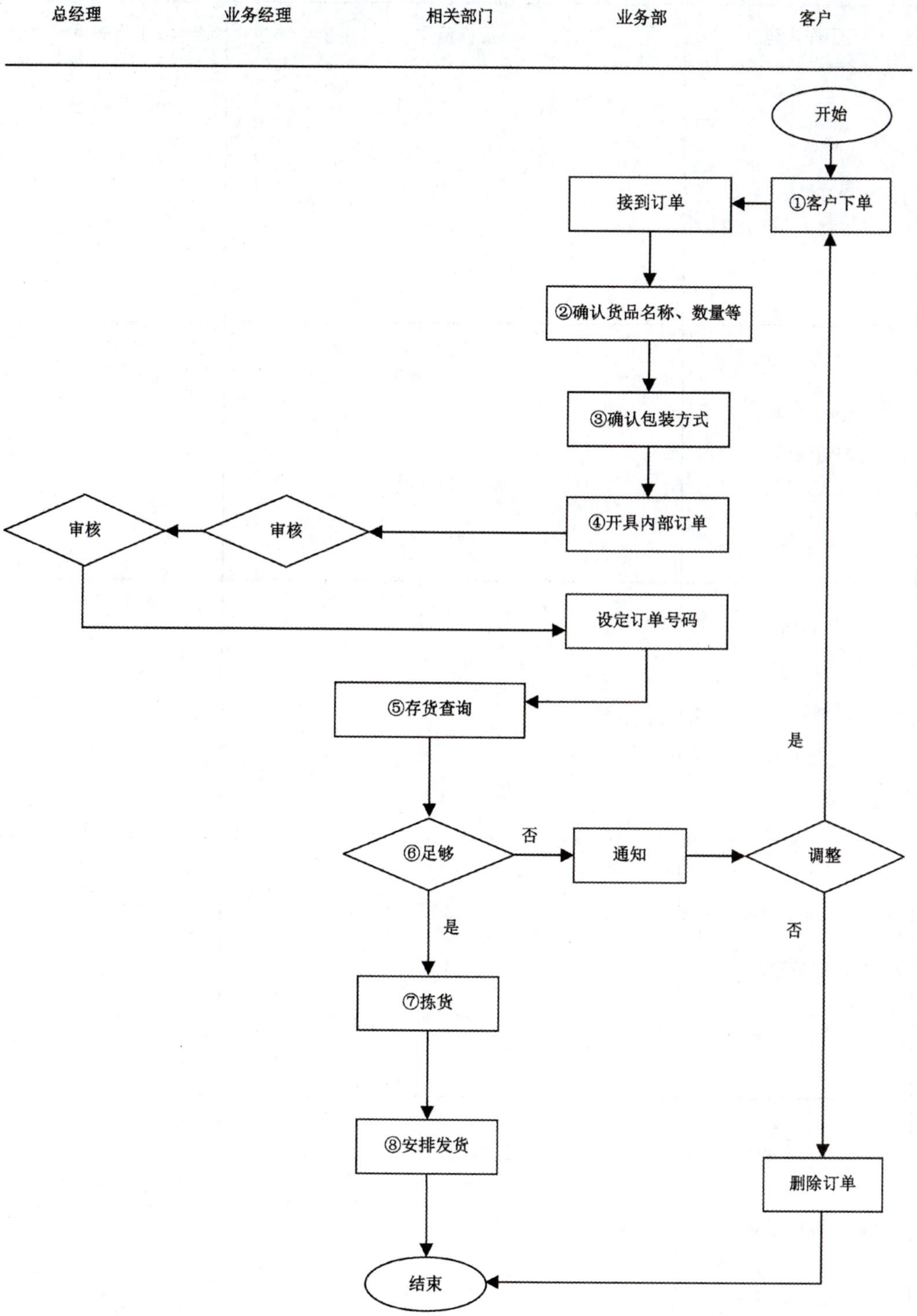
总经理
业务经理
相关部门
业务部
客户
开始
①客户下单
接到订单
②确认货品名称、数量等
③确认包装方式
④开具内部订单
审核
审核
设定订单号码
⑤存货查询
⑥足够
否
通知
调整
是
是
否
⑦拣货
⑧安排发货
删除订单
结束

工作页

表 7-2-1 工作内容和不同岗位的工作职责与顺序关系记录表

工作内容	工作流程	工作关系
1. 客户开发		
2. 客户洽谈		
3. 合同签订		
4. 客户服务管理		
5. 处理客户订单		

表 7-2-2　业务流程培训讲解单

培训讲解单包括流程的内容、顺序、对应人员、动作等。

表 7-2-3　新招募业务专员、客服专员培训提纲

新招募业务专员培训提纲：
新招募客服专员培训提纲：

任务 7.3　服务相关岗位人员培训

物流公司的服务岗员工经常与客户接触，因此服务岗员工的服务意识、服务规范、服务能力和服务态度提升培训十分重要。你作为京贸达物流有限公司员工，不仅要熟悉客服岗位工作内容、工作流程、工作要求、工作注意事项，还要为客服人员提供订单处理、货物跟踪查询、客户投诉等相应的知识与技能培养。

工作内容

1．个人学习：阅读材料 1 至材料 4 中的任意一个客服岗位工作要求，整理并理解工作要领，记录在工作页表 7-3-2 中。

2．合作学习：阅读同一份工作要求的同学合并为一组，共同阅读材料 5，根据阅读的内容和前面学习的某一项业务处理流程与要求自编数据信息，设计一段客服与客户的电话及短信沟通交流情境，记录在工作页表 7-3-3 中。

3．角色扮演：各小组对本组设计出的客服与客户的电话对话进行表演，并向其他同学讲解这一工作情境下的工作流程和要求。

4．思维拓展：设计一段不恰当的电话客服沟通场景，写成对话文本，分发给其他小组，对收到的错误文本查找问题并改正，记录在工作页表 7-3-4 中。

学习材料

材料 1　电话下单的处理

电话下单处理流程如图 7-3-1 所示。

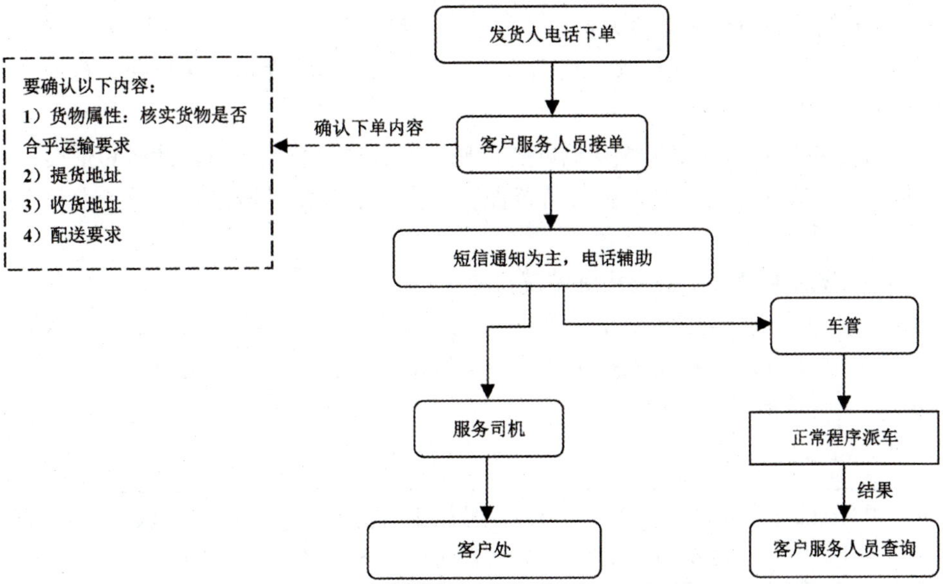

图 7-3-1　电话下单处理流程

操作流程要点：

（1）发货人电话下单。

客户服务人员在接到客户电话下单时，首先应当了解并核实相关要素，具体见表 7-3-1。

表 7-3-1　客户服务人员核实要素

要素	说明
提货联系人	用于司机提货。如果客户能报上姓名最好，如客户只报了姓也可以，可以称呼某先生或某小姐，不必非要客户报全名。如客户不报，则知会客户方便提货时使用
提货电话	很重要，用于提货时联系
货物属性	包括货物名称、数量、体积、重量。其中在询问货物名称时要辨别客户所报货物是否是违禁品，属于违禁品的货物直接告诉客户不能运输。说明特殊配送需求
提货地址	很重要，用于提货
目的地	很重要，用于送货
运费结算方式	很重要，关系到提货时是否需要收取运费
提送货费	很重要，关系到提货时是否需要收取送货费
客户下单时间	以最终下单信息发出时间为准

在接听客户下单的同时，客户服务人员需要将包含以上各要素的下单信息在客户服务下单系统中逐一记录。

（2）传递业务单。

当确认客户所下单无问题时，客户服务人员以短信方式将客户所下的业务单发送给业务所属地区的司机或调度人员。

1）业务单传递的时间要求：当确认客户下单后，客户服务人员要在 3 分钟之内将所下业务单发送出去。

2）业务单接收对象：①发送给业务所属地服务司机负责提货，此时短信要一并发送给所属区域市场开拓人员，由其监督提货的执行；②发送给车管人员，由其安排车辆提货。

具体接收对象最终由公司实际情况决定。

3）业务单传递的方式：①以短信方式为主，电话方式为辅；②当短信传达后，客户服务人员必须立即拨打所属地区司机或车管电话，进行电话口头通知，保证车辆能及时安排。

短信格式如下：

[110310221] 客王先生 13823033212 配件 15 件 200 千克 2.2 方汽配城往火车站收货马先生 0571-25852654 现付。加装卸费 100，15 点前送达。[8011]

短信格式说明：内容以 70 个字为限，格式为“短信流水号 + 发货人名称 + 发货

人电话 + 货物名称 + 数量 + 重量 + 方数 + 目的地 + 收货人名称 + 收货人电话 + 付款方式 +（有无额外收费）+ 提示 + 客户服务人员工号”。

材料 2 平台、网上下单的处理

一、如何获取平台、网上下单

客户在公司网站直接下单后，所下的业务单会自动转至客户服务系统，客户服务人员只要登录客户服务系统就会看到来自平台、网站的订单。

二、下单的处理流程

平台、网上下单的处理流程如图 7-3-2 所示。

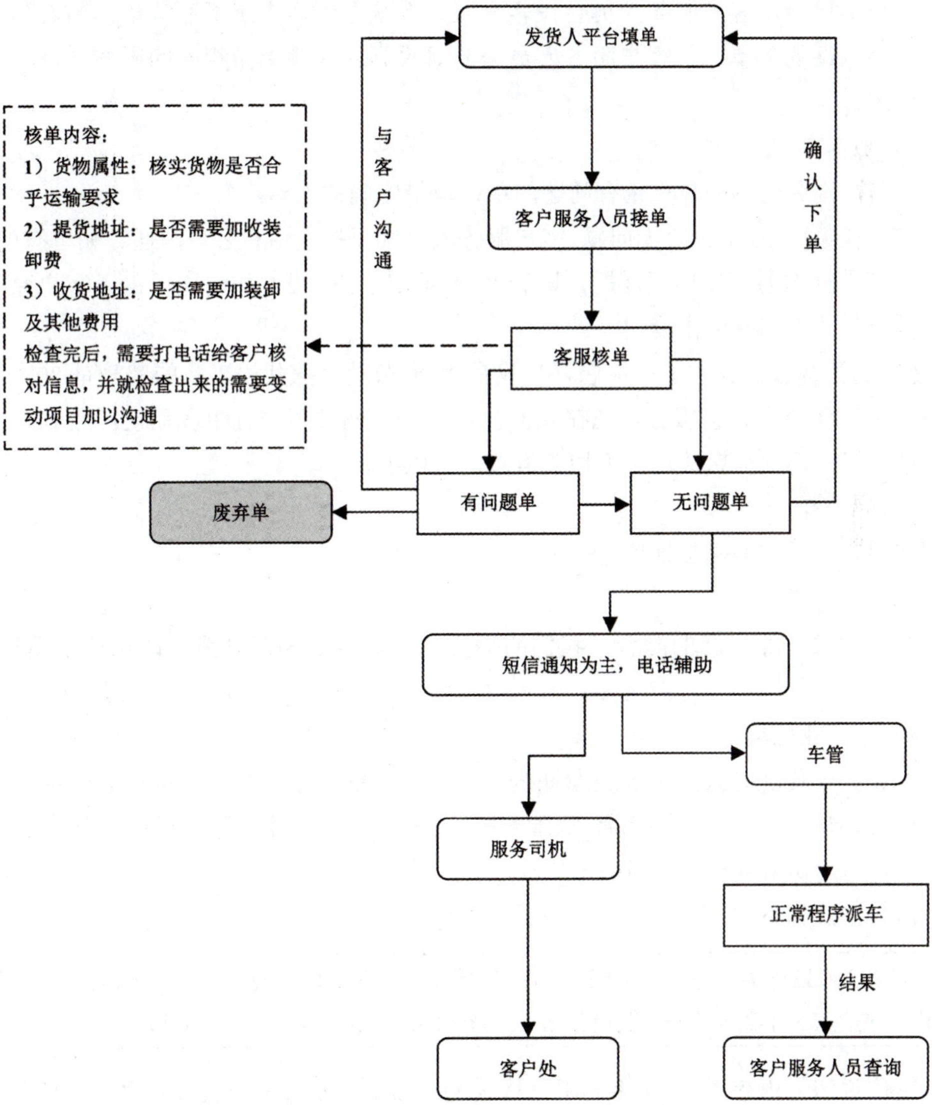

图 7-3-2　平台、网上下单的处理流程

三、处理流程要点

（1）发货人网上下单。

客户在网上下单的时候，网站会要求客户填写以下信息：发货联系人、发货人电话、货物属性（重量、体积等）、提货地址、收货人姓名、收货地址、收货人电话、运费结算方式等。

（2）客户服务人员核单。

1）核单的时间规定。

客户晚上下单：第二天早上第一时间必须进行审核并与客户联系。

客户白天下单：下单后半小时内必须审核并与客户联系。

2）核单内容。

客户下单后，客户服务人员会在客户服务系统看到客户所下业务单。当看到有来自平台、网站的下单后，客户服务人员需要对收到的业务单做相应的审核（审核内容见流程图）。

3）与客户沟通。

与客户沟通的目的是更正有问题的单以及最终确认下单。

审核业务单后，不论有无问题，客户服务人员都要打电话和客户沟通。如单有问题，则就问题进行沟通；如单无问题，则和客户确认安排提货。如沟通后由于客户原因不能安排提货的，则此单作废。

【示例】客服代表：王先生您好！我是 ×× 公司客服代表，我的工号是 8011。感谢您能选择我公司为您服务。您在我们公司平台、网站下的订单我们已经收到。为确保信息准确，再次与您核对一下相关信息，可以吗？

客户：没问题！

客服代表：您的提货地址是……吗？

客户：没错。

客服代表：谢谢您的配合。我们的提货人员会尽快和您联系，请保持电话畅通。谢谢！

4）传递业务单。

①业务单传递方式：以短信通知为主，电话辅助下单。与客户沟通后的单就可以作为最终确认的业务单交由车管部门处理。客户服务人员主要以短信方式将客户下的业务单发送给司机或车管人员并电话提醒。

内容格式如下：

[110310221] 客王先生 13823033212 配件 15 件 200 千克 2.2 方汽配城往火车站收货马先生 0571-25852654 现付。加装卸费 100，15 点前送达。[8011]

短信说明：内容以 70 个字为限，格式为“短信流水号 + 发货人名称 + 发货人电话 + 货物名称 + 数量 + 重量 + 方数 + 目的地 + 收货人名称 + 收货人电话 + 付款方式 +（有

无额外收费）+ 提示 + 客户服务人员工号”。

②业务单接收对象。客服人员可发送给业务所属地服务司机负责提货，此时短信要一并发给所属业务人员，由其监督提货的执行；也可发送给车管人员，由其安排司机提货。具体接收对象，最终由分公司根据实际情况决定。

材料 3　货物跟踪与客户查询处理

1. 货物跟踪

（1）跟踪目的：确定及时提货或配送。按照规定，客户服务人员发送给司机或车管人员的业务单，司机或车管人员必须在规定的时间内提货或配送。

（2）提货时效要求。系统提供下单成功提醒，在工作时间内下单，应在半个小时内安排车辆提货。

（3）派送时效要求。严格按照客户要求进行派送。

（4）跟踪对象：接收下单短信的司机。

（5）跟踪方式：实时监控。

（6）跟踪要求：

1）提货跟踪：对于已用短信传递给提货人员或负责安排提货人员的业务单，要在半小时后再作跟踪。

2）配送跟踪：对于已超过配送时效的业务单，每天分上午、下午各跟踪一次。

（7）跟踪结果处理：

1）提货跟踪：如果已下的业务单在跟踪后没有按时效要求及时处理，则客户服务人员需要发短信或打电话给司机，催促其处理，并记录跟踪结果。

2）配送跟踪：如果配送业务在跟踪后仍没有及时处理的，则发短信或打电话给车管经理，由其解决，并将跟踪结果在业务单跟踪记录处填写。

3）每次跟踪完后，客户服务人员都要将所跟踪业务单的跟踪内容填写在该单的跟踪记录中。

【示例】托运业务单已超过配送时效，此时客户服务人员可以通过短信反映给经理。此跟踪短信格式如下：

[110310284] 单号 755××××××××，货物已超过配送时效 2 小时，请速处理。[8011]

2. 客户查询的受理

（1）客户查询的来源。一般来讲，查询会来自客户电话查询、网络在线平台查询和客户网站留言查询三个地方。

1）电话查询：客户直接拨打客户服务人员电话查询。

2）网络在线平台查询：客户通过网络在线交流平台进行查询。

3）网站留言查询：客户通过在网站留言进行查询。

以上三种来源中，电话查询和网络在线平台查询属于实时查询，客户问询后即可知道结果。网站留言查询则属于滞后型查询，即客户留言后并不能实时得到答复，得到答复的时间取决于客户服务人员是否及时处理网站留言。

（2）客户查询的类型。客户查询一般有以下几种类型：

1）运输时效：客户未发货或已发货但需要知道多久可以到达。

2）发货价格：客户在发货前需要知晓运输价格。

3）到货时间：客户已发货，急于知道收货人什么时间可以收到货物。

4）货物状态：客户想了解货物目前处于什么地方、什么状态。

5）其他查询：其他与运输或业务咨询有关的查询。

（3）客户查询的处理。不论来自哪一个渠道的查询，客户服务人员都要耐心解释与回应，并根据不同的查询类型给予不同的处理，具体为：

1）运输时效、发货价格的查询：需要客户服务人员根据公司关于时效、价格等方面的规定给予客户回复。

2）到货时间、货物状态的查询：客户服务人员要根据客户需求引导客户在物流系统查询模块有针对性地查询。

如果是客户对已发货物的查询，不论查询结果如何都要将查询记录在相应业务单中。

（4）受理查询应注意的事项。客户实时查询，在接受客户查询时要留意客户查询的内容并进行有针对性的查询，能当场回复的尽量当场回复，不能当场回复的要与客户讲清楚需要待核实后再做回复。

【示例】客户王先生：你好！我3月15日发了一票货去××，我想知道什么时候可以到，我的客人很急！

客服人员：好的，请稍等。……不好意思，让您久等了。您的货现在正在配送过程中，大概在3天后会送到。并引导客户自主实时跟踪车辆运作情况。

材料4 投诉与建议处理

1. 投诉与建议的来源

客户的投诉与建议一般有三种来源，即客户分别通过电话、网站、在线平台给出投诉与建议。

2. 客户投诉的类型

一般，客户的投诉与建议有以下几种类型：

（1）运输时效的投诉与建议：货物没有按照客户要求的时效到达。

（2）运费或其他费用的投诉与建议：多收运费或其他费用。

（3）服务态度的投诉与建议：提送货司机或客户服务人员服务态度不好致使客户投诉。

（4）其他投诉：其他关于运输及服务方面的投诉。

3. 客户投诉的处理

（1）了解客户投诉的类型。不论客户是通过何种方式投诉，我们首先要了解客户投诉的原因和类型，这样才能有针对性地去解决客户投诉。

（2）分析客户投诉与建议。首先要根据不同的客户投诉与建议来源用不同的方法去处理。

1）客户来电话投诉。如果客户直接打电话投诉，不论客户说话的用语、声音大小、生气与否，客户服务人员都要耐心地、平心静气地听完客户所讲的内容。根据内容分析和查询结果告知客户是否当场可以解决客户问题，如果不能当场解决，则要告知客户需要查询核实后才能回复。

2）客户在线投诉。处理方法与客户来电话投诉相同。

3）客户留言投诉与建议。如果客户在网站留言投诉，则要根据客户提供的内容进行核实后在网站回复。

（3）投诉与建议的处理。不论客户是用哪种方式进行投诉与建议，客户服务人员都需要按单记录。最终的处理结果要根据客户的投诉与建议类型区别对待。

1）如果客户是投诉，且投诉的内容是关于货物运输方面的，则要根据客户投诉的内容进行查询，还需要与被投诉人去核实。最后结果要告知客户。同时将处理结果按单记录。

【示例】客户王先生已在上午 10 点电话下单，要求我司在 14:30 之前去提货。可时间已到 15:00 了，司机还未去提货。客户打来电话投诉，要求马上提货。

此时，客户服务人员可通过短信、电话将此信息通知给司机，将短信抄送车管，并记录投诉内容。短信内容可以如下：

[110310284] 王先生 15 件配件尚未提，已超时。客已来电催提货，请速处理。[8011]

2）如果客户是建议，则记录建议。

（4）投诉建议报表。客户服务人员将客户所有的投诉与建议记录后，客户服务人员系统会形成客户投诉与建议报表，此报表可以按照司机对其所受的投诉进行统计，由客户服务人员按月提交管理层，以便管理层及时调整经营活动。

材料 5　电话客服人员规范用语与基本技巧

客户服务人员坐席是公司的窗口，主要用于电话接单、信息查询、客户咨询、客户投诉、客户回访。所以，客户服务人员的规范用语和沟通技巧对于公司的业务开发非常重要。而制定一套可行统一的标准，对于提升企业形象、促进企业业务开发具有重大意义。

（一）基本标准

语音：口齿伶俐，发音清晰。

语气：态度和蔼，耐心引导。

语速：速度适中。

语调：轻快。

语言要求：礼貌用语；内容准确，简洁明了；体现职业化。

（二）应答规范

1. 接通电话

（1）招呼用户：“您好，很高兴为您服务，请问有什么可以帮到您？”

（2）不能做出肯定答复或者需要查询是否在公司服务范围内时：“对不起，请您稍等。”“对不起，您能让我了解一下情况吗？我会在××（时间）等待您的询问。”“我所知道的是……”

（3）用户要求在线等待结果，查询结果回到线路时：“很抱歉让您久等了！”

（4）对于个别客户的失礼言语，要尽量克制忍耐，得理让人，不得与客户争辩顶撞，必要时可请公司领导协助处理。

如果客户因自己的失礼言语向你道歉，你应当大方地说：“没关系！还有什么其他要求吗？”

（5）电话通话中，对方无应答时“对不起，我听不到您的声音，您换一部电话打来好吗？我现在挂机。”

2. 通话过程

（1）明确客户有业务需求：“为了更好地为您服务，请您回答如下几个问题：”

采用一问一答的方式确定联系人、联系电话、货物名称、装货地址、送货地址（及时判断是否可以服务）、是否有合适的包装、货物件数、货物体积、付款方式等。

在客户回答后，进行复述确认：“为确认信息准确，再次与您核对一下相关信息，可以吗？”

“联系人是×××，对吗？”“联系电话为×××××，对吗？”“装货地址是××××，对吗？”“送货地址是×××，对吗？”“货物件数为××，对吗？”

对客户信息核对完毕后，报价，看客户是否接受：“按照以上所述，××至××，××方（件），我们价格是××××××，现金支付，请问可以吗？”

在客户接受之后，我们做出承诺：“我们的提货人员将会和您的联系人联系，请保持电话畅通。”

（2）明确客户查货时：“请把您的运输信息告诉我，我帮您查询一下。”

查询结束后：“您好，您的货物已经于×××时间从×××地址发出，现在×××（地方），预计在×××将会到达。”

（3）明确用户咨询投诉问题时：“为了尽快为您解决这个问题，我可以向您提几个小问题吗？”

当某一咨询投诉业务基本受理完毕时，主动提示用户，以顺利使通话结束：“请问您清楚了吗？”

客户抱怨时：“对不起，给您造成不便，敬请原谅。”

（4）用户建议时:“您的建议很重要，我们会及时转给相关部门，谢谢您的支持！”

（5）没听清客户讲话时，如果只是个别字眼没有听清，你可以与客户进行确认：“对不起，请问您的意思是……吗？”或者“您是说……，对吗？”如果完全没有听清，你应用征询的语气向客户询问：“对不起，我没听清您的讲话，请您重复一遍，好吗？谢谢！”

3. 结束通话

（1）受理完毕，常规应答：“×× 号谢谢您的来电，再见！”

若逢周末或节假日，你可以说：“×× 号祝您周末愉快 /×× 节快乐，再见！”

（2）遇客户善意约会时：“非常感谢，但实在是对不起，我不方便接受。再见。”

（3）当接到聊天或受理完业务被对方纠缠时：“对不起，请问您还有其他的业务需要帮助吗？如果没有，请您挂机，把线路让给其他的客户，好吗？”

（4）客户使用不文明用语时，礼貌回答：“先生 / 小姐，请您使用文明语言，否则很抱歉，我们将结束这次通话。”

（三）沟通技巧

1. 接听电话技巧

（1）有礼、友善、真诚地面对每一个接入的电话。

（2）不要轻易承诺。一旦承诺，就尽力实现。

（3）迅速而准确地判断，针对客户所说的内容该以何种说话方式与客户进行沟通。

（4）遇客户抱怨，表达你对客户的遭遇深感同情，多换位思考，记录重点，坚持公司的立场，维护公司的形象。

（5）用心倾听，迅速反应。

（6）采用复述方法，确保理解客户意思，保证掌握足够资料。

（7）及时向客户表达你对他所提问题的重视，从而使说话更有亲和力和说服力。

（8）用扎实的业务知识及时正确回答客户的问题，顺利完成与客户的沟通。

（9）体现职业化。

2. 电话交谈技巧

（1）声音清澈、热情，使客户感到你声音中透露出的微笑。

（2）你的声音不只代表你个人，更重要的是代表公司。

（3）在交谈中适时回应客户，使客户感到你对他的重视。

（4）尽可能使客户知道你帮助他的每一个步骤，让客户感受到你的热情服务。

（5）提供相关资料，告知客户你将怎样帮他解决问题，让客户了解你的服务过程。

（6）客户服务人员的提问应为开放式的，以大概了解客户提出的问题、关注事项和要求为主要目的。

（7）采用应答引发型问题来鼓励客户做出更明确的回答。

（8）引导客户系统地说出要求，确保明白他的确切信息并记录。

（9）避免问“为什么”，换而耐心地询问其原因。

3. 答复咨询技巧

（1）咨询到不肯定或不会回答的问题时：“对不起，您询问的问题我暂时无法确定，需要查实后再回复您。请您留下您的联系电话，好吗？我会尽快查询后与您联系，非常感谢您的关注，再见！”（提交组长查实后把正确答案告诉话务员回复用户）

（2）客户的要求超出你的工作权限时，你要耐心听完客户的叙述，不可中途打断客户的话语。

你应清楚告知原因并表示歉意，同时要给客户一个解决问题的建议或主动协助解决：“对不起，× 先生 / 小姐，这超出了我的权限范围。虽然我帮不到您，但我会立即将问题反映给上级部门处理，您看这样好吗？”忌：“我办不了，没办法。”

4. 投诉处理技巧

（1）冷静、积极、敢于面对，避免个人情绪受干扰。

（2）只讲客户希望知道的，而不是你想讲的。多用换位思维表示对客户的理解，但要坚持公司的原则，如必要的话要解释原则。

（3）运用熟练的业务知识，集中研究解决问题的有效办法，体现职业化形象。

（4）避免提供过多不必要的资料，以免增大客户期望与事实的差距。

（5）要充满信心，不畏刁蛮客户的威胁或无理要求。但也要重视他们所提的要求，积极进行原则性及人性化的解说，必要时迅速与上级取得联系。

（6）耐心聆听，重复要点，做出回应并记录。

（7）常说：“谢谢您提醒我们注意。/ 谢谢您告诉我们。/ 我能够理解您的心情。”

（8）投诉可能有理，也可能没理，但对方正表达不快，你应先向对方致歉，平息其怒气，以方便事件的后续处理。例如：“对不起，× 先生 / 小姐，我非常抱歉。”“× 先生 / 小姐，听到这件事我非常理解您的心情。”

（9）假如错在公司，应该向对方道歉并保证立即采取补救行动。“× 先生 / 小姐，发生了这件事，我觉得十分抱歉，但我会马上尽力补救。/ 我会尽力帮你解决这个问题。”或“对不起，× 先生 / 小姐，这个错误信息可能是我们操作不慎所致，很抱歉给您造成不便！我马上将您的情况记录下来，谢谢您提出的宝贵意见！”立即将客户姓名、电话及投诉内容记录下来填写投诉单，转交现场组长处理。

（10）如果客户责怪等待接通时间过长，你应该立即向客户致歉："对不起，先生 / 小姐，让您久等了！请问有什么可以帮助您？"

（11）客户觉得操作太慢时，你应该立即加快操作速度："对不起，我会尽快帮您处理，请您稍等！谢谢！"

（12）当你必须拒绝对方要求时，应委婉地做出表示，有礼貌地解释其中理由。例如："× 先生 / 小姐，真对不起，这件事只可以在……的情况下才可以进行。""× 先生 / 小姐，真不好意思，请恕我们无法办到，因为……""× 先生 / 小姐，真不好意思，这件事只怕暂时帮不到您，因为……"

（13）使来电者知道你有心帮助他，提出各种可能解决问题的办法。例如："× 先生 / 小姐，这其实是最好的解决办法，不过如果你认为不方便的话，我建议……你看这样行吗？……"

（14）收线之前要有礼貌地表示谢意或歉意。

（15）若需较高级人员处理投诉，须让对方知道你会找适当人选处理有关问题。例如："× 先生 / 小姐，这件事请恕我无法帮到你，不过我可以请我上司 × 先生 / 小姐跟您谈谈好吗？""× 先生 / 小姐，不好意思，这件事我暂时无法帮到您，但我会转交相关的工作人员为您处理好吗？"

（四）客服工作禁令

（1）禁止追踪不及时。

（2）禁止异常记录不反馈。

（3）禁止出现异常情况不采取补救措施。

（4）禁止对违规操作不处理、不反馈。

（5）禁止修改编撰客户反馈信息。

（6）禁止沟通不融洽、语气生硬。

（7）禁止对客户不礼貌，甚至辱骂客户。

（8）禁止日常工作不记录。

工作页

表 7-3-2 客服岗位工作要求记录表

内容包括客服岗位工作内容、工作流程、工作要求、工作注意事项等。

表 7-3-3　客服与客户的电话及短信沟通交流情境记录表

总体要求：情境中应涉及所学习的业务处理中的工作要点，体现客服人员工作过程的完整性和准确性。 设计内容要求：包含通话前准备、接通电话、通话过程、通话结束。 表演要求：注意通话过程中的语言、语气、语速、语调。

表 7-3-4　错误文本及修改意见记录表

错误文本	修改意见
	总体要求：情境中应涉及所学习的业务处理中的工作要点，体现客服人员工作过程的完整性和准确性。 内容审查：包含通话前准备、接通电话、通话过程、通话结束。

任务 7.4　客户满意度调查

物流公司需要不定期地针对客户开展满意度调查，了解客户对物流公司相关服务的评价及反馈，并据此开展针对性的改进活动，提升客户满意度。你作为物流公司的员工，需要了解客户满意度调查表的内容、表格设计及注意事项。

工作内容

1．结合项目 2 市场调查的相关内容总结客户满意度调查表的一般结构、各部分主要内容和撰写注意事项，将总结内容整理成表格，记录在工作页表 7-4-1 中。

2．3 ～ 5 人一组，从下列调查目的中选择一个，设计一份客户满意度调查表，记录在工作页表 7-4-2 中，使用网络调查工具（例如“问卷星”）进行发布：

（1）年终对公司仓储服务业务的客户满意度调查。

（2）某项储配综合业务项目结束后的客户满意度调查。

（3）不定期对客服人员和送货司机服务情况的客户满意度调查。

3．每组派代表说明本组满意度调查问卷设计的思路和不同题目的目的，其他小组给予点评，点评记录在工作页表 7-4-3 中。

学习材料

材料　不同物流公司的客户满意度调查问卷

顾客满意度调查，又称 CSR（Consumer Satisfaction Research），是通过研究顾客满意度指数、影响顾客满意度的因素和顾客消费行为三者之间的关系，进而达到帮助企业实现成本最小化、提升顾客重复购买率和企业盈利能力的目的，是近年来新兴的一种调查技术。通过顾客满意度调查，可以挖掘出影响顾客满意度的关键因素，并有针对性地改善企业服务质量，对于提升顾客重复购买率、企业竞争能力和盈利能力具有很大的促进作用。

客户满意度调查可以帮助企业达成以下目的：

（1）发现影响客户满意度和忠诚度的主要因素。

（2）发现提升产品或服务的机会。

（3）发现产品或服务中的缺陷，根据顾客的意见和建议寻找解决顾客不满的针对性的方法。

（4）把有限的资源集中到顾客最看重的属性方面，维系营销资源的正确投入。

（5）预测顾客未来的需求，引发新产品、新业务的开发思路。

（6）对需要改进的因素区分轻重缓急，维系营销资源的正确投入。

（7）建立企业的满意度标准体系，使持续跟进的满意度研究成为可能。

（8）作为附加产品，可作为企业绩效评估的依据。

下面给出几家不同物流公司的客户满意度调查问卷。

圆通物流校内客户满意度调查问卷

为了更好地服务校园内的客户，改进物流服务质量，特制定本调查问卷，了解您对圆通物流的看法、体验和评价。本问卷仅用于物流改进服务，不会作他用，谢谢您的支持与配合！

1. 请问您的年龄是？ *

□ 18 岁以下 □ 18 ～ 25 岁 □ 26 ～ 35 岁 □ 36 ～ 50 岁 □ 50 岁以上

2. 您的性别是？ *

□男 □女

3. 您的职业是？ *

□学生 □教职工 □其他

4. 您使用快递的频率？ *

□平均每月 10 次以上 □平均每月 5 ～ 9 次 □平均每月 1 ～ 4 次 □几个月才一次

5. 请问您为什么要使用快递？ *

□网上购物 □给亲戚朋友寄东西 □公务 □其他

6. 您最经常使用的三家快递公司 * [多选题]

□圆通 □申通 □韵达 □顺丰 □中通 □邮政 EMS □汇通 □天天快递 □其他

7. 您选择快递公司的依据？ * [多选题]

□送货速度 □价格 □服务态度 □公司口碑 □网点位置 □其他

8. 您评价快递公司的要素和指标？ *

□送货速度 □服务态度 □价格 □快递公司的口碑 □理赔及时 □其他

9. 您是否使用过圆通快递？（此题设置了跳转逻辑）*

□是（跳转到下一题） □否（跳转到 23 题）

10. 圆通快递的宗旨是什么？ *

□安全 快捷 方便 价优 □快速 安全 准确 周到 □服务第一 □安全 快速 便捷 可靠

请您对圆通快递的以下要素进行评价：

序号	评价要素	非常好 5	好 4	一般 3	差 2	非常差 1
11	形象评价（标志、服装、交通工具、外观、包装）					
12	快递收费					

序号	评价要素	非常好 5	好 4	一般 3	差 2	非常差 1
13	快递人员服务态度					
14	快递人员联系便捷性					
15	快递是否准点					
16	快递包装完整性					
17	快递服务人员形象和素质					
18	快递附加服务（短信提醒和在线跟踪）					
19	快递售后服务满意度					
20	圆通快递总体满意度					

21．圆通快递在哪些方面还需要改进？ * [多选题]

□费用高　□速度慢　□服务态度差　□快递丢失　□物品损坏　□其他

22．请问您可以接受圆通快递公司为您提供的哪些增值服务？ * [多选题]

□送货上门　□包装服务　□代收代签服务　□财产安全保险　□寄存服务

23．您不选择圆通快递的原因是什么？

□服务态度差　□快递费用高　□不准点　□不知道圆通快递　□形象差

感谢您的支持与合作，谢谢！

大田物流客户满意度调查问卷

尊敬的客户：

您好！非常感谢您在百忙之中参加我们的客户满意度调查。为了更好地了解您的需求和期待，为您提供更加优质的服务，我们诚挚地邀请您参加大田物流 2021 年客户满意度调查。请您根据实际情况回答问卷，欢迎您提出宝贵意见。

1. 您对大田物流了解吗？（　　）

A. 非常了解　　B. 了解　　C. 不了解

2. 贵公司与大田物流合作过吗？（　　）

A. 合作过　　B. 想合作　　C. 没合作过

第 2 题选择 A 请回答第 3 至 14 题，选择 B 请回答第 15 至 21 题，选择 C 请回答第 22 至 25 题。

3. 您对本公司是否信任？（　　）

A. 信任　　B. 一般　　C. 不信任

4. 贵公司的性质为（　　）。

A. 国营企业　　B. 民营企业　　C. 合资企业

D. 外资企业　　E. 其他

5. 贵公司的主营业务为（　　）。

A. 运输服务　　B. 货运代理服务　　C. 仓储服务　　D. 配送服务

E. 其他增值服务

6. 贵公司当前最需要我公司解决的问题是（　　）。（可多选）

A. 提高提 / 送货准时率　　B. 提高信息反馈准确率

C. 降低缺失或破损等服务事故　　D. 增强特殊操作保障

E. 其他

7. 您选择大田物流的理由是（　　）。

A. 价格合理　　B. 网络覆盖广　　C. 使用便捷

D. 服务态度好　　E. 安全性高

8. 您对本公司客户服务可靠性的评价是（　　）。

A. 很强　　B. 较强　　C. 一般

D. 较差　　E. 很差

9. 货物到达后，服务人员是否主动协助您完成装卸？（　　）。

A. 主动协助装卸　　B. 经您要求后协助装卸　　C. 不协助装卸

10. 您对我司目前整体操作水平及质量的评价是（　　）。

A. 非常满意　　B. 满意　　C. 一般　　D. 不满意

11. 您对我司比较满意的方面有（　　）。（可多选）

A. 资源配备优良　　B. 服务态度好　　C. 服务准时、准确率高

D. 服务安全性高　　E. 员工素质高　　F. 公司形象好

12. 您认为我司当前最有待提升改进的内容是（　　）。（可多选）

A. 提升客服质量　　B. 提高工作效率　　C. 降低服务价格

D. 增强员工安全意识和增加安全防护措施　　E. 改进服务态度

F. 提高员工的专业技术水平　　G. 其他

13．收到产品时，产品包装出现过破损的情况吗？（ ）

A．非常多　　B．比较多　　C．一般

D．比较少　　E．没有发生过

14．欢迎您填写本调查表之外的意见和建议。（您的意见和建议对我们非常重要！）

15．您所在的区域是（ ）。

A．长三角地区　　B．珠三角地区　　C．中东部地区　　D．京津冀地区

E．西部地区

16．您是否使用过我们的网站（http://www.dtw.com.cn/）来查找相关信息？（ ）

A．是　　B．否

17．您是否会向您的朋友或同事推荐大田物流的服务？（ ）

A．是　　B．否

18．您致电大田物流咨询业务时是否容易得到明确的答复？（ ）

A．容易　　B．一般

C．困难　　D．没使用过，不知道

19．您是如何得知并想选择大田物流为您提供服务的？（ ）

A．媒体宣传　　B．网络查询　　C．他人介绍　　D．其他

20．在多大程度上，您使用本公司提供的材料，如服务指南、操作人员联系方式等。（ ）

A．很大　　B．一般　　C．很少

21．如果想与大田物流合作，你想得到什么样的服务？（200 字以内）

22．您未来是否愿意与我司保持合作伙伴关系？（ ）

A．愿意　　B．考虑　　C．不愿意

23．您认为企业与主要客户的合作一般采取哪种形式？（ ）

A．战略联盟　　B．签合同　　C．相互持股

D．大客户持有本公司股份　　E．其他

24．贵公司和哪些物流公司合作过？请列举 1 ～ 2 个。

（1）　　（2）

25．请写出您对大田物流的评价和需求。（您的评价和需求有助于我们提高服务质量，帮助您更快更好地创造财富。）

我们再次衷心地感谢您对我们的支持。我们一定会根据您对我们的意见和建议把我们对您的服务做得更好。愿我们能陪伴您在事业上取得更大的成就！

邮政物流公司客户满意度调查问卷

尊敬的客户：

您好！感谢您一直以来对我司工作的支持和帮助！

根据上半年满意度调查结果，结合客户评价以及意见、建议，我们从7月起已展开了改善行动并且会持续落实。请您根据改善的效果以及下半年业务运作的情况对我们的服务进行评价，期待您在百忙之中抽出10～15分钟时间思考并填写每一个调查项目。您的评价将是我们日后改善的重要依据，请您填写完毕后在7月25日前回复我们。

非常感谢您的支持，祝您工作愉快！

基础部分：一般信息

我们请您提供您的一些基本信息，这很重要，它将有助于我们更准确地分析。

贵司名称（　　　　　　　　有限公司）　您的姓名（　　　　　）

您的联系电话（　　　　　　　）

A部分：满意度调查

请您根据对以下项目的满意程度选择合适的分数（1～10分），以使我们客观了解该部门真实的服务情况，部分项目的选择相同也没关系。如果您没有经历或难以回答请选择“没有经历”。

作业质量

1．严格遵守时间完成取货作业。

2．严格遵守时间完成交货作业。

3．严格遵守时间完成容器返空作业。

4．严格按照单货相符完成交货。

5．严格按照单货相符完成容器返空。

6．严格按照要求进行零件运输防护。

7．严格按照要求进行容器运输防护。

配合度

8．准时提报日常台账或数据、报告。

9．运输车辆满足要求。

10．运输司机遵守取货和交货要求。

11．车辆运输安全措施有效及管控到位。

改善能力

12．异常及紧急情况快速妥当处理。

13．对问题做到举一反三，措施有力。

14．改善效果好，问题再发少。

15．积极从自身寻找问题，并付诸改善行动。

服务人员面貌

16．服务人员积极配合完成日常工作。

17. 服务人员主动沟通相关信息。
18. 服务人员快速响应各类问题。
19. 服务人员专业解答有关作业问题。
20. 服务人员乐于帮助客户解决问题。
21. 服务人员遵守承诺，守时守信用。
22. 服务人员热情有礼。

B 部分：改善点指出

根据您对上述服务情况的评价，您认为该部门在以下工作中必须作为首要重点改善项目的是什么？

1. 取货作业（　　）

A. 时间准时　B. 车辆满足　C. 车辆状况　D. 配合度
E. 沟通态度　F. 没有此项业务需求　G. 无改进意见

2. 交货作业（　　）

A. 时间及时　B. 单货相符　C. 货物保护　D. 配合度
E. 沟通态度　F. 没有此项业务需求　G. 无改进意见

3. 容器返空作业（　　）

A. 时间及时　B. 数量满足　C. 单货相符　D. 配合度
E. 沟通态度　F. 没有此项业务需求　G. 无改进意见

4. 日常报表反馈工作（　　）

A. 时间及时　B. 数据准确　C. 提供数据分析服务　D. 配合度
E. 沟通态度　F. 没有此项业务需求　G. 无改进意见

C 部分：附加意见

在您的印象中，该部门在下半年各方面的综合表现较上次调查期间是（　　）。

A. 已经有了较大进步
B. 稍微有进步，但不大，还需努力
C. 没什么明显的变化，还是老样子
D. 稍有退步，不如以前
E. 很失望，越来越差了

最后，如果您还有其他意见或建议，请在以下空栏阐述您的看法，无论它们是否已经包括在本调查中。例如，您可以谈谈它们的主要缺点或优点，提出可能的改进方案；或者，您可以对业务流程、工作制度和其他方面提出建议。

【您的所有评述我们都会进行妥善的保密】

工作页

表 7-4-1　客户满意度调查表内容、结构和撰写注意事项记录表

客户满意度调查表			
序号	结构	内容	撰写注意事项

表 7-4-2 客户满意度调查表

内容包括题目、调查说明、调查题目（调查内容、评价指标、答题类型等）、致谢。

表 7-4-3 客户满意度问卷点评记录表

组别	点评意见	备注
小组 1		
小组 2		
小组 3		
小组 4		
小组 5		
小组 6		

项目评价表

<table>
<tr><th>评价标准</th><th>个人评价 /%</th><th>小组评价 /%</th><th>教师评价 /%</th></tr>
<tr><td>知识掌握：
掌握物流企业的服务产品及服务流程
掌握客户满意度相关的理论及指标</td><td></td><td></td><td></td></tr>
<tr><td>能力提升：
能够设计完善服务产品
能够实施员工培训和评价
能够设计满意度调查问卷并开展调查活动</td><td></td><td></td><td></td></tr>
<tr><td>职业素养：
具有良好的团队合作、沟通表达能力
具有安全守法、诚信经营、责任担当、服务客户、精益求精的职业素养
具有创新精神</td><td></td><td></td><td></td></tr>
<tr><td colspan="4">评语：

优势：

不足：

其他：

</td></tr>
</table>

项目 8　物流企业营销方案编写与展示

知识目标

- 掌握营销方案的内容、结构、格式及其撰写流程。
- 掌握网站建设和改进的方法。
- 掌握营销方案的评价指标和方法。
- 掌握课程学习评价指标和方法。

能力目标

- 能够设计和撰写营销方案。
- 能够调查、比较分析竞争对手网站内容和宣传策略。
- 能够制订营销方案评价指标并实施评价。
- 能够评价课程学习效果。
- 能够反思课程学习过程并提出改进建议。

素质目标

- 具有良好的团队合作、沟通表达能力。
- 具有安全守法、诚信经营、责任担当、服务客户、精益求精的职业素养。
- 具有创新精神、劳动精神、劳模精神。

项目情境

京贸达物流有限公司成立于2006年，是一家主要经营信息咨询、仓储、运输、市内快递业务的物流服务性企业。自成立以来，公司从北京市市内快递及城际间中长途运输业务起步，逐步建立了稳定的客户服务群，在业内有良好的口碑和知名度。

公司始终坚持“用真诚赢得信誉，用信用保证效益”的企业经营理念，立足北京，扎根京津冀，延伸国内。公司长期以来，在实践与探索中建立健全了一套完整的物流管理体系，积累了丰富先进的管理经验，生成了新兴的运输理念，拓展了不同于货运代理的专线储运业务，大大减少了中间环节，降低了管理成本，以合理的收费优势为客户提供了满意的服务。2012年以来，京贸达物流不断投入资金加强公司的基础建设，积极研发和引进具有高科技含量的信息技术与设备，不断提升作业水平，实现了对仓储、市内快递全过程全环节的信息监控、跟踪、查询及资源调度工作，确保了服务质量的稳步提升，奠定了业内客户服务满意度的领先地位。2015—2018年，公司连续被评为“北京市优质诚信企业”。在经营战略上，公司计划拓展更多满足客户需求的路线及业务随着物流行业的快速发展以及电商企业对物流越来越高的要求，京贸达物流从2016年开始转型升级，在拓宽配送网点的基础上，考虑加快库存周转率和提升仓储效率，对传统仓储条件进行了改造升级，增加了大量智能化仓储操作设备，例如分拣机器人、VR分拣设备、智能机械手臂和智能化WMS仓储管理软件。为了吸引更多的客户，目前市场部接到公司的任务，对仓储条件以及业务的内容进行大力宣传，增加公司的业务量，提升利润率。

任务 8.1　物流企业营销方案编写

随着业务能力和工作经验的增加，公司不断对你委以重任，你开始成为物流企业市场部或销售部的管理人员，而掌握物流企业营销方案的内容、格式、逻辑是胜任相应岗位必备的职业能力之一，因此你想查找资料进行学习。

工作内容

请参考材料1中的营销方案模板，选用适合小组项目的方案，撰写并完善本小组的物流企业营销方案文本，将营销方案框架记录在工作页表8-1-1中，并根据材料2的格式要求进行文本排版。

学习材料

材料 1　王老吉和加多宝的营销策划书

见本书项目1任务1.4中的材料1和材料2。

材料 2　营销方案文本排版格式

一、书写与排版一律要求在计算机上输入、编排与打印

用A4纸（210mm×297mm），页边距为上25.4mm、下25.4mm、左31.7mm、右31.7mm，行间距为1.5倍行距。

目录的页码用罗马数字编排，正文的页码用阿拉伯数字编排，页码在页脚中居中放置。

除封面外各页均应加页眉，在版芯的上边线隔一行加粗、细双线（粗线在上，宽0.8mm），双线上居中打印页眉。奇数页眉为本章的题序及标题，偶数页眉为“×××公司市场营销策划书”。不同章节应使用插入分节符（下一页）来分隔，不同章节使用不同的页眉。

二、字体和字号、段落对齐格式要求

题目：2 号黑体，居中。

一级标题：3 号黑体，居中。

二级标题：小 4 号黑体，左对齐，顶格。

三级标题：小 4 号黑体，左对齐，顶格。

正文：小 4 号宋体，两端对齐，缩进 2 个汉字。

页眉：小 4 号宋体，居中。

页码：5 号宋体，居中。

数字字母：Times New Roman 字体。

三、插表格式要求

每个表格均应有表题，表题由表序和表名组成。表序一般按章编排，如第 1 章第一个插表的序号为“表 1-1”等。表序与表名之间空一格，表名中不允许使用标点符号，表名后不加标点。表题置于表上，居中，要求用 5 号字。

表格不加左右边线。

表中数据应准确无误，书写清楚。数字空缺的格内加横线“－”（占 2 个数字宽度）。表内文字或数字上下或左右相同时，采用通栏处理方式，不允许用“〃”“同上”之类的写法。

表内文字说明（5 号宋体），起行空一格、转行顶格、句末不加标点。

表格若需要附注时，用小 5 号宋体，写在表的下方，句末加标点。

四、插图要求

插图应与文字紧密配合，文图相符，内容正确。选图要力求精练。

每个图均应有图题（由图号和图名组成）。图号按章编排，如第 1 章第一个插图的图号为“图 1-1”等。图题置于图下部，居中，5 号字。有图注或其他说明时应置于图之下图题之上。图名在图号之后空一格排写。

图中若有分图时，分图题置于分图之下，分图号用 a）、b）等表示，图题置于分图题之下。图中各部件的说明应采用数字项号，各项文字说明置于图题之上（有分图题者，置于分图题之上）。

五、注释要求

文中有个别名词或情况需要解释时，可加注说明，注释采用脚注（将注文放在加注页稿纸的下端）。

六、参考文献要求

参考文献书写格式应符合 GB/T 7714—2015《信息与文献　参考文献著录规则》。

“参考文献”作为章标题，居中编排，但不编章号；参考文献的序号左顶格，并用数字加方括号表示序号，如 [1]，[2]，……，以与正文中的引用编号一致。每一条参考文献的最后均以“.”结束。

各类参考文献条目的编排格式及示例如下：

（1）著作图书文献。

[序号] 作者．书名．版次．出版者，出版年：引用部分起止页.

（2）翻译图书文献。

[序号] 作者．书名．译者．版次．出版者，出版年：引用部分起止页.

（3）学术刊物文献。

[序号] 作者．文章名．学术刊物名．年，卷（期）：引用部分起止页.

（4）学术会议文献。

[序号] 作者．文章名．编者名．会议名称，会议地址，年份．出版地，出版者，出版年：引用部分起止页.

（5）学术会议论文集。

[序号] 作者．文章名．编者名．会议名称论文集，会议地址，年份：引用部分起止页.

（6）电子文献。

[序号] 主要责任者．题名．（更新或修改日期）[引用日期]．获取和访问路径.

工作页

表 8-1-1 营销方案框架

物流企业营销方案
（营销方案应包含但不限于下述内容） 一、方案背景 二、公司介绍 三、环境分析 四、公司营销战略 五、营销策略 六、预算与计划 七、其他

任务 8.2　物流企业网站搭建

为了更好地传播公司品牌，满足服务业务发展需要，你需要通过学习借鉴竞争对手的网站设计或者其他行业优秀案例把京贸达物流有限公司的营销方案在公司宣传网站上落实体现。

工作内容

1. 建议使用“起飞页”（https://www.qifeiye.com/）完成公司宣传网站搭建，起飞页首页如图 8-2-1 所示。

图 8-2-1　起飞页首页

2. 学习材料中的案例，参考借鉴安能公司网站内容规划建设京贸达物流有限公司宣传网站。绘制海报，呈现京贸达物流有限公司宣传网站首页框架，并记录在工作页表 8-2-1 中。

（1）内容要求：需包含公司发展历史、业绩成绩、主要业务（含基本内容和常规流程）、服务对象、联系方式等。

（2）格式要求：同级标题和内容字体字号统一、排版规范。

（3）美观要求：配图合理，没有错别字。

学习材料

材料　安能公司网站

（1）输入安能公司网址（https://www.ane56.com/）登录公司首页，如图 8-2-2 所示。

图 8-2-2　安能公司网站首页

（2）如果想进入物流业务服务，只需单击 快速登录/注册 按钮进入会员登录页，了解物流公司网站的相关服务情况，如图 8-2-3 所示。

图 8-2-3　安能公司网站会员登录界面

（3）该公司针对重点客户开发了定时达服务，单击 按钮进入定时达业务页面，了解相关服务情况，如图 8-2-4 所示。

（4）安能公司是一家有实力的物流业务公司，如果想全面了解其业务规模、服务范围等信息，可以通过 数字安能 页面查看。

图 8-2-4　安能公司主要业务介绍网页（“定时达”业务）

（5）安能公司业务范围辐射半径很大，业务发展迅速，也可以作为京贸达物流有限公司效仿的一个方面，在首页单击“加盟合作”栏目，再选择“招商加盟”栏目，即可对行业趋势、安能优势、加盟条件和常见问题进行详细了解，如图 8-2-5 所示。

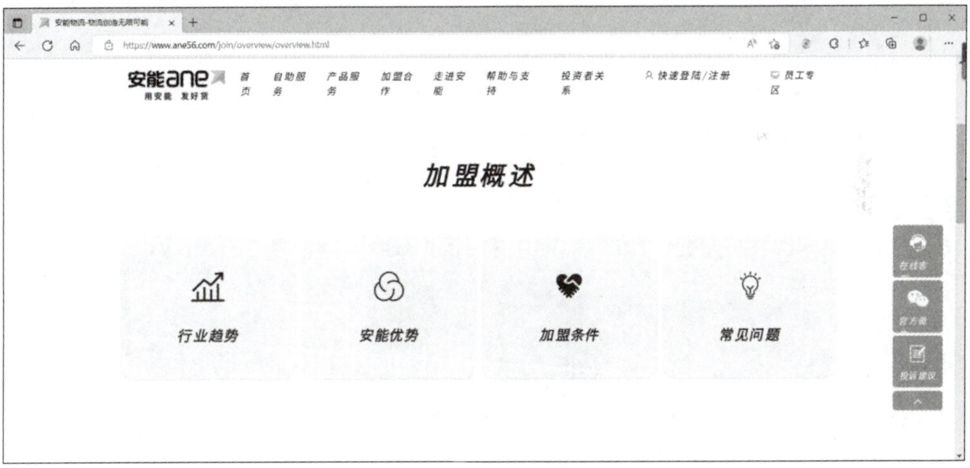

图 8-2-5　安能公司加盟政策网页

本任务可以通过安能公司的网站建设案例看到目前物流企业在网站规划时的主要栏目设计内容、网站的风格设计情况，帮助学习者全面了解物流业务后思考网站建设工作。在实际建站时，无须从编写代码或网页设计开始，而是借助起飞页网站工具完成相关工作任务。可以看出，借鉴、实践、修改、完善是掌握本任务的重要环节。

工作页

表 8-2-1 网站首页框架海报

海报内容包括网页的内容、结构、色彩、排版、字体字号、颜色、联系方式、首页设计等，以及一级目录、二级目录逻辑关系和内容，用户使用过程中可能遇到的注册、登录、查询等功能。

任务 8.3　分组汇报

通过各小组的营销策划方案和企业网站汇报比较分析各组的优缺点，它山之石可以攻玉，博采众长，不断丰富完善本组的营销策划方案和企业网站设计。

工作内容

分组汇报本组的营销策划方案和企业网站，进行评判并记录在工作页表 8-3-1 中。

工作页

表 8-3-1　评分表

营销策划方案评分表									
内容评价									
小组自评					组间互评				
1．公司背景介绍清晰完整					1．公司背景介绍清晰完整				
优	良	中	可	差	优	良	中	可	差
2．公司外部环境分析完整有数据依据					2．公司外部环境分析完整有数据依据				
优	良	中	可	差	优	良	中	可	差
3．公司服务目标顾客明确、定位清晰					3．公司服务目标顾客明确、定位清晰				
优	良	中	可	差	优	良	中	可	差
4．产品组合策略清晰，业务内容明确					4．产品组合策略清晰，业务内容明确				
优	良	中	可	差	优	良	中	可	差
5．服务产品定价方法合理，定价有数据支撑					5．服务产品定价方法合理，定价有数据支撑				
优	良	中	可	差	优	良	中	可	差
6．公司传播策略多元化，成本控制合理					6．公司传播策略多元化，成本控制合理				
优	良	中	可	差	优	良	中	可	差
7．公司渠道策略合理多元					7．公司渠道策略合理多元				
优	良	中	可	差	优	良	中	可	差
8．公司服务有规范化流程及要求					8．公司服务有规范化流程及要求				
优	良	中	可	差	优	良	中	可	差
视觉评价									
小组自评					组间互评				
1．策划书封面设计					1．策划书封面设计				
优	良	中	可	差	优	良	中	可	差
2．字体字号规范性					2．字体字号规范性				
优	良	中	可	差	优	良	中	可	差
3．页面排版规范性					3．页面排版规范性				
优	良	中	可	差	优	良	中	可	差
4．插图、表格规范性和美观性					4．插图、表格规范性和美观性				
优	良	中	可	差	优	良	中	可	差
总体评价									
小组自评					组间互评				
优	良	中	可	差	优	良	中	可	差

任务 8.4　课程总结

为了更好地理解和巩固本课程所学的知识与技能，请你按要求为本课程设计制作理论考试题，并以海报形式展示汇报营销策划方案。

工作内容

1．理论考核，根据本课程的全部学习材料和本人掌握的相关知识，使用网络考试工具（问卷星）制作考试题，内容包括课程主要知识点。

要求：

（1）标题为“物流市场营销课程理论考核试卷”。

（2）物流管理班适用。

（3）单选题、多选题、判断题、填空题、简答题各 10 道。

（4）不少于 50 题。

2．以小组为单位绘制海报，将营销策划方案的主要内容以海报形式尽可能详细地呈现，并加以口头解释说明，记录在工作页表 8-4-1 中。

工作页

表 8-4-1　策划方案内容海报

海报内容应包括方案背景、公司介绍、环境分析、公司营销战略、营销策略、预算与计划等方面的具体内容。

项目评价表

评价标准	个人评价 /%	小组评价 /%	教师评价 /%
知识掌握： 掌握营销方案的内容、结构、格式及其撰写流程 掌握营销方案的评价指标和方法			
能力提升： 能够设计和撰写营销方案 能够调查、比较分析竞争对手网站内容和宣传策略 能够制订营销方案评价指标并实施评价 能够反思课程学习过程并提出改进建议			
职业素养： 具有良好的团队合作、沟通表达能力 具有安全守法、诚信经营、责任担当、服务客户、精益求精的职业素养 具有创新精神			
评语： 优势： 不足： 其他：			

参考文献

[1] 郭国庆．市场营销学通论 [M]．8 版．北京：中国人民大学出版社，2020.

[2] 旷健玲，张小桃，李炫林．物流市场营销 [M]．2 版．北京：电子工业出版社，2020.

[3] 董千里．物流市场营销 [M]．4 版．北京：电子工业出版社，2019.

[4] 刘徐方，梁旭．物流市场营销 [M]．2 版．北京：清华大学出版社，2018.

[5] 叶靖，刘徐方．物流市场营销 [M]．2 版．北京：清华大学出版社，2018.

[6] 钱旭潮，王龙．市场营销管理：需求的创造与传递 [M]．5 版．北京：机械工业出版社，2021.

[7] 陶欣，张海霞，卢琳．物流营销与客户服务 [M]．北京．化学工业出版社，2017.

[8] 陶小恒．物流营销实务 [M]．武汉：武汉大学出版社，2016.

[9] 张余华．现代物流管理 [M]．3 版．北京：清华大学出版社，2017.

[10] 萧潇．创意文案与营销策划撰写技巧及实例全书 [M]．天津：天津科学技术出版社，2017.

学生任务分配单

<table>
<tr><td>班级</td><td></td><td>组号</td><td></td><td>指导教师</td><td></td></tr>
<tr><td>组长</td><td></td><td>学号</td><td></td><td>日期</td><td></td></tr>
<tr><td rowspan="6">组员</td><td>姓名</td><td>学号</td><td>姓名</td><td colspan="2">学号</td></tr>
<tr><td></td><td></td><td></td><td colspan="2"></td></tr>
<tr><td></td><td></td><td></td><td colspan="2"></td></tr>
<tr><td></td><td></td><td></td><td colspan="2"></td></tr>
<tr><td></td><td></td><td></td><td colspan="2"></td></tr>
<tr><td></td><td></td><td></td><td colspan="2"></td></tr>
<tr><td colspan="6">任务分工</td></tr>
<tr><td colspan="6"></td></tr>
</table>